VON SEE · Skalden

KLAUS VON SEE

Skalden

Isländische Dichter
des Mittelalters

Universitätsverlag
WINTER
Heidelberg

Bibliografische Information der Deutschen Nationalbibliothek
Die Deutsche Nationalbibliothek verzeichnet diese Publikation
in der Deutschen Nationalbibliografie;
detaillierte bibliografische Daten sind im Internet
über *http://dnb.d-nb.de* abrufbar.

UMSCHLAGABBILDUNG

Details: Aus der *Carta marina* des Olaus Magnus, 1539.

ISBN 978-3-8253-5964-5

© 2011 Universitätsverlag Winter GmbH Heidelberg
Imprimé en Allemagne · Printed in Germany
Druck: Memminger MedienCentrum, 87700 Memmingen

Gedruckt auf umweltfreundlichem, chlorfrei gebleichtem
und alterungsbeständigem Papier

Den Verlag erreichen Sie im Internet unter:
www.winter-verlag.de

INHALTSVERZEICHNIS

VORWORT

Die Skaldendichtung – in Norwegen während der frühen Wikingerzeit, im 9. Jahrhundert, zuerst bezeugt, dann seit dem 10. Jahrhundert fast ausschließlich von Isländern gepflegt – ist die älteste volkssprachige Kunstlyrik des mittelalterlichen Europas, älter und auch langlebiger als die provenzalische Trobadordichtung, mit der sie manche Eigenarten teilt. Ebenso wie diese stand sie – zumal in einer Zeit, die ihren Kunstgeschmack am Begriff der „Erlebnisdichtung" orientierte, – im Verruf, bloße Formkunst, raffinierte Artistik und spitzfindiges Verstandesspiel zu sein. Erst die Überwindung der ästhetischen Vorstellungen des 19. Jahrhunderts machte den Weg frei für eine gerechtere Beurteilung. Die Wiederentdeckung anaturalistischen „Kunstwollens" seit dem Expressionismus, die Beschäftigung mit dem Manierismus, die Vorliebe für das Artifizielle in der modernen Lyrik: – alles das sollte geeignet sein, der Skaldendichtung über den Kreis der Fachleute hinaus ein aktuelles Interesse zu sichern.

Die vorliegende Einführung bedarf sowohl wegen ihres Umfangs als auch wegen der Auswahl und Anordnung ihres Stoffes einer kurzen Rechtfertigung. Es ist nicht ihre Absicht, eine Geschichte der Skaldendichtung oder gar eine Aneinanderreihung von Skaldenbiographien zu liefern und ebensowenig einen Überblick über alle skaldischen Vers- und Strophenformen. Diese notwendige Arbeit leisten bereits die vorhandenen Literaturgeschichten, Werklexika und Verslehren. Beabsichtigt ist vielmehr, einige grundsätzliche Probleme zu behandeln, die sich auf die ästhetischen Qualitäten und die Lebensbedingungen der Skaldendichtung beziehen: die typisch skaldische Verbindung von scheinbar spielerischer Improvisation und ausgeklügelter Artistik, von Innovation und Tradition, dazu die soziale und politische Rolle des Skalden, sein Verhältnis zu Auftraggebern und Publikum, die Überlieferung und Ausdeutung der Skaldendichtung in den Sagas und anderen mittelalterlichen Prosatexten und – last not least – die Verständnisbarrieren beim heutigen Leser und Hörer.

Da die Einführung kein Lehrbuch sein will, kann sie es sich gestatten, Schwerpunkte zu setzen und Lücken zu lassen und damit um so besser ihr spezielles Ziel zu verfolgen: die Darstellung möglichst von ausgewählten Beispielen der Dichtung selbst ausgehen zu lassen, mit Hilfe von wortgetreuen Übersetzungen den Leser an die originalen Texte heranzuführen und in detaillierten Interpretationen dieser Texte die skaldischen Kunstmittel zu beschreiben.

Die Erstauflage des Buches erschien 1980 unter dem Titel „Skaldendichtung" im heute nicht mehr existierenden Artemis Verlag, München und Zürich. Der dortige – forschungsgeschichtlich orientierte – Anmerkungsapparat S. 101ff. wird hier weggelassen. Die vorliegende Neuauflage wäre nicht zustande gekommen ohne die Anregung und tatkräftige Hilfe durch Helena Lissa Wiessner, in der sich technische und fachliche Kompetenz glücklich verbinden.

Frankfurt am Main, im September 2011   Klaus von See

Zur Schreibweise und Aussprache der altnordischen Wörter: Þ (im Anlaut) und ð (im In- und Auslaut) sind dentale Reibelaute, ähnlich dem englischen th; ǫ ist in Texten bis 1200 ein dumpfer o-Laut, dann ein tiefes ö; ǿ ein tiefes o. Der Akzent bedeutet Länge des Vokals.

1. Ein Skald unter Trobadors – zwei Strophen zur Einführung.

Wenn man der *Orkneyinga saga*, einem isländischen Text des 13. Jahrhunderts, Glauben schenken darf, dann spielte sich im südfranzösischen Narbonne um die Mitte des 12. Jahrhunderts eine literaturgeschichtlich denkwürdige Episode ab: Ein norwegischer Jarl machte auf seiner Pilgerfahrt ins Heilige Land Station am Hofe der Vizegräfin Ermengarde. Er war ein Kenner der Skaldendichtung, betätigte sich auch selbst als Skald und hatte in seinem Gefolge – neben mehreren vornehmen Leuten, darunter einem Bischof, der in Paris studiert hatte und als Dolmetscher dienen sollte, – zwei isländische Skalden. Gräfin Ermengarde galt, wie man weiß, als Autorität in Minnefragen – Andreas Capellanus stellte einige Jahrzehnte später in seinem *Tractatus de amore* ihre diesbezüglichen Urteile zusammen –, und am Hof in Narbonne dichteten mehrere Trobadors. Leute aus dem Norden wird man hier als connaisseurs der Dichtkunst nicht sonderlich hoch geschätzt haben. Wilhelm IX. von Aquitanien, der älteste uns bekannte Trobador, hielt sich jedenfalls etwas darauf zugute, daß ihm nie ein "Normanne oder Franzose" ein Nordfranzose, würde man heute sagen, – ins Haus gekommen sei (Les chansons de Guillaume IX, éd. par A. Jeanroy, Paris 1927, S. 7). Solche Vorurteile scheinen nun aber den Jarl – sein Name ist Rögnvaldr, er war vom Norwegerkönig mit dem Jarltum auf den Orkneys belehnt worden – nicht geschreckt zu haben, denn er widmete der Gräfin einige Proben seiner Kunst: ein Skald unter Trobadors. Die erste dieser Strophen, die uns die *Orkneyinga saga* überliefert, lautet (k.86, udg.ved Sigurður Nordal, København 1913-16, S. 233, Skj.I, 508):

> *Vist'r at frá berr flestum,*
> *Fróða meldrs, at góðu*
> *velskúfaðra vífa*
> *vǫxtr þinn, Bil en svinna.*
> *Skorð lætr hár á herðar*
> *haukvallar sér falla*
> *– átgjǫrnum rauðk erni*
> *ilka – gult sem silki.*

Ich übersetze wörtlich, wobei ich an einigen Stellen die Wortfolge normalisiere: "Das ist gewiß, daß dein Wuchs (*vǫxtr þinn*), kluge Bil des Frodi-Mehls

(*Fróða meldrs Bil*), hervorragt vor den meisten wohlgeschmückten Frauen. Die Stütze des Falkenfeldes (*skorð haukvallar*) läßt das Haar, gelb wie Seide (*gult sem silki*), auf die Schultern herabfallen (*á herðar sér falla*), – ich habe dem futtergierigen Adler die Füße gerötet."

Es ist daran zu zweifeln, daß die Gräfin Ermengarde, selbst wenn sie des Altnordischen mächtig gewesen wäre, diese typisch skaldische Strophe hätte verstehen und würdigen können. Sie hätte sicherlich nicht gewußt, daß Bil eine altnordische Göttin ist, daß "Frodis Mehl" das Gold meint (weil der Sagenkönig Frodi Riesenweiber in einer Mühle Gold mahlen ließ) und daß "Göttin des Goldes" eine geläufige Metapher für die Frau ist. Ebensowenig wäre es ihr eingefallen, daß "Falkenfeld" den Arm bedeutet (weil der Falke während der Jagd auf dem Arm des Falkners sitzt) und daß dieses Wort wiederum Bestandteil einer Frauenmetapher ist (weil das ärmellose Gewand den nackten Arm zu einem Charakteristikum der Frau machte, vgl. Hj. Falk, Arkiv 5, 1889, S. 251f.). Und ein wenig verdutzt hätte sie schließlich wohl auch die martialische Pose in Z. 7/8, – eine echt skaldische Parenthese, in der sich Rögnvaldr immerhin noch so sehr als Nordmann zeigt, daß er seinen höfischen Auftritt durch kriegerische Leistungen meint legitimieren zu müssen: Adler, Rabe und Wolf gehören im Norden zum herkömmlichen Personal einer Walstatt, und ein tüchtiger Krieger füttert sie mit den Leichen seiner Gegner.

Der Jarl wird also kaum die Strophe vor der Gräfin selbst vorgetragen haben. Soll aber deshalb die Erzählung der *Orkneyinga saga* mitsamt den Strophen von A bis Z erfunden sein? (H. Gering, ZfdPh 46, 1915, S. 1-17, J. de Vries, Folkloristica. Festskrift till Dag Strömbäck, 1960, S. 133-141). Immerhin gibt es ein Indiz, das vermuten läßt, daß die Strophen älter sind als die Saga: Der Verfasser des Prosatextes mißdeutet nämlich ihren Wortlaut an mehreren Stellen. Die Erwähnung des herabfallenden, aufgelösten Haares veranlaßt ihn zu der Annahme, Ermengarde sei unvermählt gewesen. Wahrscheinlich aber befand sie sich um die Jahrhundertmitte schon in ihrer zweiten Ehe, und tatsächlich war offenes Haar eine Modetracht der höfischen Zeit auch bei vermählten und gerade bei vornehmen Frauen. Aus dieser ersten Fehldeutung ergibt sich eine weitere: Der Sagaverfasser liest aus den Strophen eine wirkliche Neigung zwischen Gräfin und Jarl und den Plan einer Vermählung heraus. Handelt es sich hier, wie Rudolf Meissner meint, um pure Mißverständnisse (Arkiv 41, 1925, S. 140ff.)? Eher scheint es mir, daß der Sagaverfasser sein Publikum nicht mit dem komplizierten Ritual des höfischen Minnedienstes behelligen will und die Geschichte deshalb – auf eine dem Helden durchaus schmeichelhafte Weise – den heimischen Gewohnheiten anpaßt. Wie dem auch sei: Aus der Inkongruenz von Prosa und Zitat läßt sich schließen, daß der Jarl und seine Skalden die Strophen tatsächlich selbst gedichtet haben, nachdem sie in Narbonne nicht nur den höfischen Minnedienst, sondern auch die provenzalische Trobadordichtung kennengelernt hatten. Der Reiz, mit dieser fremden und doch so ähnlichen Kunst in Wettstreit zu treten, ist verständlich genug, denn in ihrer formalen Brillanz und in dem hohen Anspruch, den sie an die Kennerschaft des Publikums stellt, kann es die Skaldendichtung mit der Trobadordichtung durchaus aufnehmen.

Wie bei den Trobadors ist auch bei den Skalden die Länge der Verszeilen an eine feste Silbenzahl gebunden, – innerhalb der germanischen Literaturen ein einzig dastehendes Phänomen: Bei den Trobadors sind es acht Silben, im *dróttkvætt*, im "Hofton", dem Hauptversmaß der Skalden, sechs Silben (die sich nur ausnahmsweise vermehren lassen, besonders dann, wenn die erste oder die zweite der drei Vershebungen auf eine kurze Silbe trifft). Dem Endreim der Trobadors entspricht – als Mittel der Bindung zweier Verse – bei den Skalden der Stabreim, der hier strengeren Stellungsregeln unterworfen ist als in der übrigen germanischen Versdichtung: zwei Stäbe in den ungeradzahligen Zeilen und der dritte Stab an der Spitze der geradzahligen Zeilen (wobei in Z. 7/8 unserer Strophe die Vokale *á-e-i* untereinander staben). Hinzu kommt dann noch – als typisch skaldisches Unikum – der Binnenreim, der jeweils auf eine Verszeile beschränkte Silbenreim. Auch für ihn gelten strenge Regeln: Sog. halbe Reime in den ungeradzahligen Zeilen (-*ist*-/-*est*-, -*úf*-/-*íf*- usw.) wechseln mit vollen, auch die Vokale erfassenden Reimen in den geradzahligen Zeilen (so in den Z. 2 und 6: -*óð*-/-*óð*- und -*all*-/-*all*-), – nicht ohne Grund, da die geradzahligen Zeilen, die über nur einen Stabreim – und noch dazu in extremer Spitzenposition – verfügen, einer stärkeren klanglichen Stütze bedürfen als die ungeradzahligen Zeilen mit ihren zwei Stäben. Kennzeichnend für den skaldischen Vers ist schließlich die Verteilung der drei Hebungen (die nur gelegentlich noch durch eine Nebenhebung ergänzt werden können): einerseits die relativ große Stellungsfreiheit der zweiten Hebung, die sich vom zweiten bis zum vierten Versglied bewegen kann, anderseits die Festlegung der dritten Hebung auf der vorletzten Silbe. Da diese vorletzte Silbe zudem lang sein muß, entsteht eine klingende Kadenz "lang-kurz", die noch zusätzliches Gewicht dadurch erhält, daß der Binnenreim zwar in seinem ersten Element beweglich (so -*óð*- auf der ersten, -*úf*- auf der zweiten Silbe), in seinem zweiten Element aber auf der vorletzten Silbe festgelegt ist (-*est*-, -*óð*-, -*íf*-, -*inn*- usw.).

Daß hinter einer solchen Anhäufung von Kunstmitteln nicht nur starre Konvention, sondern auch spielerische Virtuosität steht, beweist Armóðr, einer der beiden Skalden Rögnvalds, mit einer Strophe, in der er – offenbar angeregt von der Trobadordichtung – den Binnenreim durch einen formvollendeten Endreim ersetzt (ohne dabei auf den Stabreim zu verzichten, Skj.I, 531):

Ek mun Ermengerði,
nema ǫnnur skǫp verði,
– margr elr sút of svinna –
síðan aldri finna,
Værak sæll, ef ek svæfa
– sýn væri þat gæfa;
brúðr hefr allfagrt enni –
eina nótt hjá henni.

"Ich werde Ermengarde,
wenn nicht das Schicksal anders läuft,
– mancher ist liebeskrank wegen der Klugen –
später niemals wiedertreffen.
Ich wäre froh, wenn ich schlafen könnte
– ein wahres Glück wäre das;
die Frau hat eine sehr schöne Stirn –
eine Nacht bei ihr."

Armóðs Strophe ist im Sagatext die mittlere einer Gruppe von drei Strophen. In der ersten erklärt der Jarl Rögnvaldr, daß er – ganz im Stil des Minnedienstes – auf Geheiß der Frau die Fahrt "zum Jordan" antrete, und in der dritten verweist der Skald Oddi seinem Kollegen Armóðr den dreisten Wunsch, den dieser in der eben zitierten Strophe äußert: Wir (die Gefolgsleute) sind kaum würdig, die Ermengarde zu besitzen; sie darf die Königin der Frauen heißen, und deshalb geziemt ihr in jeder Hinsicht etwas Besseres (Skj.I, 508 und 529). In allen drei Strophen kommt der Name der Vizegräfin Ermengarde vor, in der Rögnvaldr-Strophe dazu noch der Ortsname Narbón, – unbegreiflich daher W.Baetkes Skepsis, an Narbonne sei "kaum zu denken", vielleicht sei "der Fluß Nervion in Nordspanien gemeint", und "die Stadt wäre dann Bilbao" (Thule 19, S. 151, Anm.). Armóðs formelhafter Wunsch, "eine (einzige) Nacht" bei der angebeteten Frau liegen zu dürfen, taucht in der Trobadordichtung mehrfach auf und stammt wohl von dort, und überhaupt scheint die ganze Dreiergruppe so etwas wie eine provenzalische Tenzone sein zu wollen, ein kleines Streitgespräch über ständische Rollen im Minnedienst. Jedenfalls gibt es in der Skaldendichtung dafür sonst keine Parallelen.

Die Begegnung von provenzalischer und nordischer Dichtung bleibt eine fast folgenlose Episode. Hier wie auch sonst zeigen sich die Nordleute zwar empfänglich für jede Anregung, die ihnen von außen zukommt. Während aber die Trobadordichtung sehr bald zu europäischer Geltung gelangt, bleibt der Skaldendichtung – wie aller altnordischen Dichtung – jegliche Wirkung über den skandinavischen Sprachraum hinaus verwehrt.

Daran hat sich bis heute kaum etwas geändert. Die Romanistik erklärt die Trobadordichtung zur "frühsten volkssprachlichen Kunstlyrik Europas", nennt die Trobadors "die ersten Künstler des Mittelalters, denen der Begriff des geistigen Eigentums aufgegangen ist", spricht von ihrem "gekünstelten Stil", von der "Fülle und Reinheit der Form, die den germanischen Künstlern versagt ist", – und alles das, ohne irgendwann einmal von der Skaldendichtung Notiz zu nehmen (so etwa Karl Vossler, Der Trobador Marcabru und die Anfänge des gekünstelten Stils, 1913, S. 3 und 65). Was ist das für eine Dichtung, die heute noch so unbekannt ist, daß nahezu alle Titel, die eigentlich ihr gebühren, gemeinhin der Trobadordichtung zugesprochen werden?

2. SKALDENDICHTUNG UND MODERNES KUNSTVERSTÄNDNIS: ARTIFIZIELLE DICHTUNG UND ERLEBNISDICHTUNG.

Unter den drei großen Gattungen der altnordischen Literaturgeschichte – Edda, Saga und Skaldendichtung – ist die Skaldendichtung sicherlich die bedeutendste, weil sie eigenständiger und charakteristischer ist als die anderen und allein schon durch ihre Zählebigkeit beweist, daß sie dem Kunstgeschmack des mittelalterlichen Isländers und Skandinaviers besonders nahestand. Zugleich aber ist sie sicherlich auch die unzugänglichste. Man vergißt zwar nicht, sie zu nennen, wenn von esoterischer, artistischer Verstandeskunst die Rede ist, man erwähnt die Kenning als eine eigentümliche Form der Metapher, man weiß auch, daß skaldische Preislieder die wichtigsten authentischen Geschichtsquellen der Wikingerzeit sind, aber die Strophen selbst sind – über den kleinen Kreis der Spezialisten hinaus – nicht einmal in Übersetzungen bekannt, weil skaldische Strophen in künstlerisch adäquater Weise eben gar nicht übersetzt werden können und die vorhandenen Übersetzungen fast durchweg ungenau und ungenießbar sind. Immerhin verwendet Ernst Jünger, wie er selbst bezeugt, eine skaldische Kenning im Titel seines Buches "In Stahlgewittern" (1920): *stáls hríð* oder *stáls él*.

Die geringe Popularität der Skaldendichtung liegt nun aber nicht allein in den außerordentlichen Schwierigkeiten des rein verbalen Verständnisses begründet. Es ist vielmehr der moderne, an der Lyrik des Sturm und Drangs und der Goethezeit orientierte Begriff der Erlebnisdichtung, der dichterischen Leidenschaft und Phantasie, der einer rechten Erkenntnis der Skaldendichtung im Wege steht oder doch jedenfalls lange im Wege stand. Denn nicht durch Gefühlsdichte, Unmittelbarkeit und Anschaulichkeit sucht die skaldische Dichtung Wirkung und Gewicht ihrer Aussagen zu gewinnen, sondern durch

eine kompliziert-raffinierte, streng traditionsgebundene und eben darum auch
außerordentlich anspielungsfähige Metaphorik, durch eine kunstvolle Ver-
schränkung von Satzbau und Versbau und durch ein feinfühliges Spiel mit
klanglichen Effekten.

Karl Vossler eröffnet seine schon zitierte Abhandlung über den Trobador Marcabru mit dem freimütigen Geständnis, die Dichtung der Trobadors sei
"oft von einer Gleichförmigkeit, daß selbst einem anspruchslosen Gelehrten
das Gähnen kommt." Gleich darauf aber heißt es, die meisten dieser Dichter,
vielleicht alle, hätten "den Ehrgeiz gehabt, eigenartig zu sein" (S. 3). Die Sätze
enthalten einen Widerspruch, aber Vossler löst ihn nicht, wie man es hätte
erwarten sollen, denn er nennt Marcabrus gekünstelten Stil, das *trobar clus*,
eine "Entwicklungskrankheit", obwohl er zugibt, daß die zahlreichen Nachahmer gerade "in jenen Unverträglichkeiten etwas Interessantes erblickten" (S.
61).

Mehr noch als bei der Trobadordichtung hat bei der Beurteilung der
Skaldendichtung die Befangenheit in den ästhetischen Vorstellungen der Na-
tur- und Stimmungslyrik des 19. Jahrhunderts zu den seltsamsten Verzeich-
nungen geführt. Über das *dróttkvætt*, das Hauptversmaß der Skalden, schreibt
Eugen Mogk, daß Bragi, der älteste uns bekannte Skald, es im 9. Jahrhundert
"bewußt in die Dichtkunst eingeführt" habe und "so der Schöpfer der nordischen Formenpoesie" geworden sei, "in der der Form zu Liebe der Inhalt ge-
opfert wurde. Die ganze folgende Zeit, die lange Reihe der Skalden bis herab
auf Snorri, schloß sich ihm an" (Beitr. 12, 1887, S. 383). Die Existenz der
Skaldendichtung soll hier dadurch begreifbar gemacht werden, daß sie als end-
los öde Nachahmerei eines einmal und "bewußt" eingeführten Musters hinge-
stellt wird. Bragi wird dabei zu einer Art Attentäter auf das gesunde Kunst-
empfinden der mittelalterlichen Skandinavier. Andere Interpreten helfen sich,
indem sie die Skaldendichtung als Epigonenkunst abwerten, als spätzeitliche
Erstarrung, als allmähliche Verknöcherung einer ursprünglich freien und natürlichen Kunst: Poesie treiben bedeute den Skalden "nicht mehr [!] vom dichterischen Feuer angesteckt und durchglüht sein, sondern spitzfindige Verstan-
desspiele beherrschen und durchschauen" (Hermann Schneider in: Euphorion
47, 1953, S. 4), die Skaldik sei, "wie alle formbetonte Kunst, nicht ursprünglich, sondern gelehrt" (Helmut de Boor in: Literaturbl. f. germ. u. rom. Phil.
44, 1923, Sp. 241), die skaldischen Umschreibungen seien zunächst natürlich
und anschaulich gewesen und erst später abstrakt-begrifflich geworden (Wolfgang Mohr, Kenningstudien, 1933, S. 136), die "normierende, metrische, ja
silbenzählende Kunst" mache sich bereits in den eddischen Liedern bemerkbar
und sei dann von den Skalden, "in gewisser historischer Parallelität zu den
mittelalterlichen Meistersingern, fortgeführt" worden (Ulrich Pretzel in:

Deutsche Philologie im Aufriß III, 1962, Sp. 2392).

Alle Urteile solcher Art, die meist darauf hinauslaufen, daß sie die skaldische Dichtung zu einer Erstarrungs- und Verfallsform der eddischen machen wollen, scheitern an einigen nicht wegdiskutierbaren Tatsachen der altnordischen Literaturgeschichte: 1. daran, daß kein Eddalied nachweislich älter ist als die älteste Skaldendichtung des 9. Jahrhunderts, daß dagegen ein großer Teil der Skaldendichtung nachweislich älter ist als der größte Teil der Edda, daß wir von Einflüssen der Edda auf die Skaldendichtung kaum etwas wissen, daß dagegen manche Einflüsse der Skaldendichtung auf die Edda in Strophenbildung, Versform und Metaphorik offenkundig sind, – 2. daran, daß die Skaldendichtung nicht etwa erst im Laufe der Zeit immer formbewußter und artistischer wird, sondern sich sogleich mit dem ältesten überlieferten Denkmal, mit Bragis *Ragnarsdrápa*, in ihrer kompliziertesten Form präsentiert und erst unter dem Einfluß des christlich-abendländischen Kunstverständnisses allmählich einfacher und schlichter wird, – 3. daran, daß die Skaldendichtung nicht etwa eine kurzlebige Mode ist (wie die Trobadordichtung, die kaum mehr als ein Jahrhundert hindurch blüht!), sondern daß sie seit dem Beginn der Wikingerzeit mehr als ein halbes Jahrtausend hindurch gepflegt und geschätzt wird, mehr als ein volles Jahrtausend sogar, wenn man die *rímur*, die stab- und endreimende Volksdichtung Islands, die bis in die Gegenwart hineinreicht, als Weiterentwicklung der Skaldendichtung hinzurechnen will.

Erst die Überwindung der ästhetischen Vorstellungen des 19. Jahrhunderts macht den Weg frei für eine gerechtere Beurteilung der Skaldendichtung. Der Germanist Hans Pyritz zählt in seiner Ausgabe der spätmittelhochdeutschen *Minneburg* neben dem geblümten Stil "eine ganze Reihe artistischer Systeme" auf – Skaldendichtung, dolce stil nuovo, Barockdichtung, Expressionismus –, die bezweifeln lassen, daß "Goethische Naturwahrheit oder die des 19. Jahrhunderts grundsätzlich irgend etwas anderes als eine unter vielen möglichen [...] künstlerischen Apperzeptionsformen sei" (1950, S. LXXII). Die Romanistik prägt den Begriff der "hermetischen Poesie" – zunächst polemisch, dann positiv verstanden – und findet Vorformen der dunklen Dichtung Ungarettis im *trobar clus* der Provenzalen und im Gongorismus (vgl. H. Frenzel in: Roman. Forschungen 65, 1954, S. 136ff.). Und besonders eindrucksvoll zeigt der Altphilologe Ulrich Knoche am Beispiel von Catull, Horaz und Properz, wie der Begriff der Erlebnisdichtung den Zugang zu vieler älteren Dichtung verstellt, weil er den Gefühlsgehalt "über den dichterischen Ausdruck" stellt, "das Temperament des Dichters über seine Kunst, die Triebkraft über das vollendete Werk" (Erlebnis und dichterischer Ausdruck in der lateinischen Poesie, in: Gymnasium 65, 1958, S. 146-165).

Die Anerkennung anaturalistischen "Kunstwollens" in der kunstge-
schichtlichen Forschung seit Alois Riegl und Wilhelm Worringer, die Entdek-
kung des Manierismus seit Max Dvořák, die Vorliebe für das Artifizielle, die
dunkle Esoterik, das "Gemachte", die Montage in der modernen Lyrik, – alles
das sollte geeignet sein, der Skaldendichtung heute wieder ein aktuelles Interesse zu sichern.

3. "EDDISCH" UND "SKALDISCH" – VERSUCH EINER DEFINITION: KÖNIG HARALDR HARÐRÁÐI VOR DER SCHLACHT VON STAMFORDBRIDGE.

In ihrer strengen Formgebundenheit scheint die Skaldendichtung besser
charakterisierbar zu sein als jede andere Gattung. Wer aber definieren will,
was Skaldendichtung ist, sieht sich in einer ähnlichen Verlegenheit wie André
Jolles, der in seinen "Einfachen Formen" (1958, S. 219) das "Märchen" auf
eine vorläufige und nicht ganz ernst gemeinte Weise als das definiert, was die
Brüder Grimm in ihren "Kinder- und Hausmärchen" zusammengestellt haben.
Ebenso könnte man sagen, Skaldendichtung sei das, was Finnur Jónsson in
seiner großen vierbändigen, noch immer repräsentativen Ausgabe "Den norsk-
islandske Skjaldedigtning" (1912-15, Nachdruck 1967-73) zusammengestellt
habe.

Die eigentliche Schwierigkeit der Definition liegt in der Frage, wie die
beiden großen Gattungen der altnordischen Versdichtung – Edda und Skaldendichtung – gegeneinander abzugrenzen seien. Längst hat man erkannt, daß
die *Edda*, der sog. Codex regius aus der 2. Hälfte des 13. Jahrhunderts, nur
eine Auswahl getroffen hat, und man pflegte deshalb schon in älteren Ausgaben einige Lieder hinzuzunehmen, die nicht im Codex regius stehen. Andreas
Heusler und Wilhelm Ranisch erweiterten dann abermals das "Eddische", indem sie eine Sammlung "Eddica minora" zusammenstellten (1903, Nachdruck
1974). Hans Kuhn nahm daraus zwei Lieder in die Neuauflage der Neckel-
schen Edda-Ausgabe auf, schied aber zugleich wieder zwei andere Lieder aus
(1962). Immerhin ist so trotz allem Hin und Her doch einigermaßen sicher,
was man unter dem etwas willkürlichen Namen "eddisch" zusammenfassen
darf: Lieder, die von den heidnischen Göttern und Helden erzählen. Auch
Spruchstrophen sind nur insofern "eddisch", als sie in den Rahmen solcher
Götter- und Heldengeschichten gestellt sind, so etwa die Spruchstrophen der
Hávamál, deren Einheit in der Fiktion liegt, daß sie allesamt von Odin
gesprochen seien. Die abgrenzende Definition bezieht sich also zunächst auf
den Inhalt. Charakteristisch für "eddische" Lieder ist darüber hinaus, daß sie
nur zwei (oder drei) Arten von Vers- und Strophenformen kennen – das

fornyrðislag (mit dem *málaháttr*) und den *ljóðaháttr* – und daß diese Formen verhältnismäßig schlicht und unkompliziert sind. Aber nicht jedes Lied im *fornyrðislag* und *ljóðaháttr* ist "eddisch": Die *Sólarljóð*, eine Art christliches Gegenstück zur eddischen *Vǫluspá*, und die *Hugsvinnsmál*, eine freie Übertragung der *Disticha Catonis*, möchte man wegen ihrer christlichen Thematik oder doch jedenfalls ihrer Zugehörigkeit zum geistlichen Schulbetrieb nicht gern zur "eddischen" Gattung zählen. Aber sind sie deswegen "skaldisch"?

Die Definition des "Skaldischen" wird nicht zuletzt dadurch erschwert, daß es keine zeitgenössische Sammlung von Skaldengedichten gibt. Während sich der Begriff des "Eddischen" an den im Codex regius vereinigten Liedern orientieren kann, fehlt für das "Skaldische" eine entsprechende Orientierungsmöglichkeit: Skaldenstrophen sind meist nur als verstreute Zitate in den Prosatexten überliefert, und nicht einmal die richtige Zuordnung einzelner Strophen zu Gedichten ist in allen Fällen gesichert. Außerdem sind dem mittelalterlichen Norden die Gattungsbegriffe "eddisch" und "skaldisch" fremd, denn der – etymologisch noch immer unklare – Name *Edda* wurde erst im 17. Jahrhundert irrtümlicherweise auf die Liedersammlung des Codex regius übertragen und das Wort *skáld* meinte und meint bis ins Neuisländische hinein den Lied- und Strophen-Dichter schlechthin. Daß man allerdings schon im Mittelalter den Unterschied zwischen "eddisch" und "skaldisch" empfunden habe – auch wenn man ihn nicht terminologisch fixierte –, glaubt die moderne Forschung mit einer Anekdote beweisen zu können, die uns in zwei Geschichtswerken aus der 1. Hälfte des 13. Jahrhunderts überliefert wird, in der *Morkinskinna* (udg. ved F. Jónsson, 1928ff., S. 117f.) und in Snorris *Heimskringla* (Har.harð., k.91). Diese Anekdote berichtet, der Norwegerkönig Haraldr hardráði habe unmittelbar vor der Schlacht bei Stamfordbridge 1066, in der er den Tod fand, eine Strophe gedichtet, dann aber verworfen und sogleich darauf eine zweite Strophe gedichtet. Die erste Strophe lautet (Skj.I, 360f.):

Framm gǫngum vér	"Vorwärts gehen wir
í fylkingu	in der Heeresordnung
brynjulausir	brünnenlos
und bláar eggjar.	unter die schwarzblauen Klingen.
Hjalmar skína,	Die Helme leuchten,
hafkat mína:	ich habe meine (Brünne) nicht:
nú liggr skrúð várt	es liegt nun unsere Rüstung
at skipum niðri.	unten in den Schiffen."

Die zweite Strophe lautet (Skj.I, 360f.):

> *Krjúpum vér fyr vápna*
> *(valteigs) brǫkun eigi*
> *(Svá bauð Hildr) at hjaldri*
> *(haldorð) í bug skjaldar.*
> *Hátt bað mik, þars mættusk,*
> *menskorð bera forðum,*
> *Hlakkar íss ok hausar,*
> *hjalmstall í gný malma.*

"Wir kriechen nicht wegen des Waffenlärms (*fyr vápna brǫkun*) – so gebot es die worthaltende Hildr des Falkenlandes (*valteigs Hildr*, die Walküre des Armes = die Frau) – in der Höhlung des Schildes zum Kampf. Es bat mich einst (*forðum*) die Halsringstütze (*menskorð*, die Frau), aufrecht zu halten (*hátt bera*), dort wo sich träfen Hlökks Eis (*Hlakkar íss*, das Schwert) und die Schädel, den Helmaltar (*hjalmstall*, den Kopf) im Lärm der Waffen."

Die typisch skaldischen Metaphern dieser zweiten Strophe gehören ganz geläufigen Umschreibungstypen an und sind daher nicht eigentlich als schwierig zu bezeichnen: Die beiden Typen "Falkenland" = Arm (*valteigr*) und "Göttin oder Walküre des Arms" = Frau (*valteigs Hildr*) begegneten uns schon in der Rögnvaldr-Strophe, und "Eis" verwendete man wohl deshalb als Grundwort in Schwert-Metaphern, weil man dabei an die Kälte der Klinge dachte (R. Meissner, Die Kenningar der Skalden, 1921, S. 151). Auch die in drei Elemente zerstückelte und auf die Zeilen 2-4 verteilte Parenthese (die man in den Ausgaben, wie oben, in Klammern zu setzen pflegt) überschreitet nicht das Maß der üblichen Schwierigkeiten, – die Skaldendichtung liebt, wie sich noch zeigen wird, solche gebrochenen Zeilen. Die Strophe ist also formal durchaus konventionell. Trotzdem ist es natürlich offensichtlich, daß sie nicht nur in ihrer Wortwahl und Wortstellung, sondern auch in ihrer metrischen Form – der strengen Sechssilbigkeit der Zeilen – und in ihrem Reimschmuck – dem Wechsel von halben und vollen Binnenreimen – erheblich komplizierter ist als die erste Strophe. Vom heutigen Verständnis her könnte man sagen: Die erste Strophe will im "eddischen", die zweite im "skaldischen" Stil gedichtet sein. Die unterschiedlichen Stilgesetze der beiden Gattungen erschöpfen sich aber, wie mir scheint, nicht in diesen mehr formalen Eigentümlichkeiten. Vielmehr ist der Charakter der Aussage in der ersten Strophe ein gänzlich anderer als in der zweiten. Zwar beziehen sich beide auf denselben Vorgang: Harald geht ohne Schutzwaffen in den Kampf, – eine heroische Attitüde, von der wir auch sonst gelegentlich hören. Aber nur in der ersten Strophe wird der Vorgang eigentlich e r z ä h l t, in der zweiten dagegen wird von etwas gesprochen, was n i c h t geschieht: *krjúpum vér eigi* [...] "wir kriechen nicht [...]", d.h. die Aussage gibt sich in der Negation als unepisch zu erkennen. Es wird hier sozusagen über den Vorgang in Form einer Erklärung berichtet, die ausdrücken soll, daß der König keine Furcht habe. Bemerkenswert ist dazu auch, daß in der zweiten Strophe von einer Frau die Rede ist: Der König begründet sein tapferes Verhalten damit, daß er erklärt, auf ihr Geheiß hin zu handeln. Das Verhalten wird also nicht objektiv dargestellt, sondern persönlich, subjektiv motiviert. Es wäre vielleicht allzu gewagt, hier schon von höfischem Frauendienst zu sprechen – so etwas gibt es im Norden ohnehin nur andeutungsweise –, aber immerhin zeigt die Strophe, daß die Skaldendichtung situationsgebundene Gesellschaftsdichtung ist (die während der Wikingerzeit ihre wesentlichen Impulse von den Fürstenhöfen erhält). Der unepische Charakter der Skaldendichtung tritt in der pointierten Nachbarschaft zur "eddischen" Strophe also deutlich zutage, und er ist wohl auch der wesentliche Grund dafür, daß die Skaldendichtung von Anfang an s t r o p h i s c h ist, während die germanische Heldenepik ursprünglich unstrophisch ist und in ihren ältesten eddischen Vertretern noch erkennen läßt, daß die Strophenform erst allmählich systematisiert wird.

Der Prosakommentar der Anekdote gibt darüber hinaus einen Hinweis auf die unterschiedliche Einschätzung der beiden Gattungen. Otto Höfler meint – wie ich glaube, mit Recht –, der Sinn der Steigerung von der ersten zur zweiten Strophe liege darin, "daß sich der König auch im Angesicht des Todes in der heiteren Gelassenheit zeigt, deren die Meisterung dieser Skaldenkünste bedurfte" (Die Anonymität des Nibelungenliedes, in: Zur germ. dt. Heldensage, hg. von K. Hauck, 1961, S. 345). Im Unrecht scheint er mir dagegen zu sein, wenn er vermutet, daß die Anekdote keineswegs "eine Geringschätzung des schlichteren Eddastils" bekunde. Denn der Prosakommentar läßt den König, nachdem er die erste Strophe gedichtet hat, ausdrücklich erklären: "*Þetta er illa kveðit ok mun gera aðra vísu betri*" ("Das ist schlecht gedichtet, und es wird nötig sein, eine zweite bessere Strophe zu machen"). Deutlicher kann die "Geringschätzung" der ersten Strophe wohl kaum formuliert werden. Aber wie ist sie gemeint? "Kunst" in der Auffassung des Mittelalters ist – das beweist allein schon die poetologische Metaphorik der Skalden – die formale, ja geradezu handwerkliche Meisterschaft: Die strenge Gebundenheit der Sprache in der Dichtung ist eine Gewähr ihrer W i r k u n g, – ursprünglich wohl in einem ganz realen wortmagischen Sinne, entweder im Lobpreis oder in der Schmähung. Wichtig für die Einschätzung der Wirkung solcher streng gebundenen Dichtung ist es natürlich zu wissen, von wem sie stammt, und das scheint mir der eigentliche, ursprüngliche Grund dafür zu sein, daß die Skaldendichtung meist mit den Autorennamen überliefert ist. Anders dagegen die Heldendichtung, die mythologische und die Spruchdichtung: sie wollen nicht "wirken", sondern erzählen, überliefern, Wissen und Lebensweisheit vermitteln. Und mag solche Dichtung gelegentlich auch von durchaus ehrwürdigen Stoffen handeln, so ist sie doch als "Kunst" geringwertiger als die Skaldendichtung. Eben deshalb ist sie grundsätzlich anonym, und nicht etwa ist – wie Höfler meint – der "Namenverlust der Heldendichter [...] ein Zeichen der Ehrfurcht vor der Dichtung, die sie betreuten" (S. 354). Daß König Harald z u e r s t eine Strophe im "eddischen" Stil dichtet, beruht zudem auch nicht – wie Höfler zu glauben scheint (S. 345) – darauf, daß dem "kunstliebenden Herrscher" die eddische Dichtung besonders vertraut und teuer war. Eine solche psychologische Deutung würde voraussetzen müssen, daß sich die Episode tatsächlich genau so abgespielt hat, wie sie erzählt wird. Wahrscheinlich aber ist sie erfunden oder doch jedenfalls nachträglich stilisiert. Und in dieser bewußten Stilisierung kann die Aufeinanderfolge der beiden Strophen keinen anderen Sinn haben als den, daß sie eine Steigerung darstellt vom Einfachen zum Schwierigen, vom Anspruchslosen zum Anspruchsvollen.

Die Anekdote sagt uns, wie genauere Betrachtung zeigt, mehr über die hohe Einschätzung des typisch skaldischen Stils als über die strenge Definition der Skaldendichtung. Man wird also nicht umhin kommen, den Begriff des Skaldischen möglichst weitherzig zu fassen: Skaldisch ist alle Dichtung, die nicht – wie die "eddische" – mythisch-heroische Überlieferung oder als mythisch-heroische Überlieferung verkleidete Spruchweisheit ist, sondern sich auf die Gegenwart bezieht oder doch jedenfalls – und sei es als Thorshymnus oder christlicher Heiligenpreis – aus einer gegenwärtigen Situation motiviert ist. Dabei sind in formaler Hinsicht die Übergänge von der Skaldendichtung im weiteren Sinne zur Skaldendichtung im engeren Sinne, d.h. die Übergänge vom einfachen Vers- und Strophenbau, wie ihn die eddischen Lieder verwenden, bis hin zum schwierigen *dróttkvætt* vielfältig und fließend. Die Unsicherheit, in der wir uns befinden, liegt also in der Natur der Sache, wenn sie auch insofern ein wenig verwunderlich ist, als die poetologischen Bemühungen um die Skaldendichtung schon im Mittelalter ihren Anfang nehmen.

4. DIE GESCHICHTE DER SKALDENFORSCHUNG, DARGESTELLT AM BEISPIEL EINER STROPHE HALLFRØÐS.

Die Skaldenforschung setzt bereits in dem Augenblick ein, in dem die Skaldendichtung selbst abzusterben beginnt: im Anfang des 13. Jahrhunderts mit den Arbeiten des Isländers Snorri Sturluson. Snorris Verdienst besteht nicht nur darin, daß er uns die Kenntnis von nahezu 1000 Skaldenstrophen, einem Sechstel der gesamten Überlieferung, vermittelt – allein seine *Heimskringla*, die Geschichte der norwegischen Könige, zitiert 600 Strophen –, sondern vor allem auch darin, daß er uns in der sog. *Snorra Edda*, einem Komplex von zwei Lehrschriften und einem 100strophigen Mustergedicht, einen guten Teil des theoretischen Wissens liefert, das zur Interpretation der Skaldenstrophen gelegentlich unerläßlich ist.

In der späteren Forschung spielt die Frage eine große Rolle, in welchem Maße Snorri als skaldische Autorität gelten kann. Als im 19. Jahrhundert die eigentliche Skaldenforschung einsetzte, war der enge Anschluß an Snorri ganz natürlich, allein schon deshalb, weil die ersten Skaldenforscher verständlicherweise Isländer waren, – zunächst Sveinbjörn Egilsson (1791-1852), dessen Skaldenwörterbuch, das "Lexicon poeticum", 1860 posthum erschien, daneben Konráð Gíslason (1808-1891) und dann vor allem Finnur Jónsson (1858-1934), der 1916 Sveinbjörns Wörterbuch neu herausgab und 1912-15 die große, noch immer grundlegende Skaldenausgabe vorlegte. Trotz der immensen Arbeitskraft, die Finnur Jónsson als Herausgeber zahlreicher altnordischer Texte und als Verfasser einer großen altnordischen Literaturgeschichte entfaltete, ist nicht zu Unrecht der Vorwurf erhoben worden, unter seiner Herrschaft habe die Skaldenforschung stillgestanden. Tasächlich hat Finnur Jónsson – wohl eben wegen seines engen Anschlusses an die Snorri-Tradition – grundlegend Neues nicht entdeckt. Sein oberstes Interpretationsprinzip war es, im Wortmaterial der Strophen nach schulgerecht gebauten Umschreibungen zu suchen, wie Snorri sie gelehrt hatte, und er war bereit, dabei die verzwicktesten Wortstellungen in Kauf zu nehmen, wenn es nur gelang, das "Puzzle" mit Hilfe einer sog. "prosaischen Wortfolge" zur Auflösung zu bringen. Nachdem Finnur Jónssons Skaldenausgabe erschienen war, herrschte allgemein die Ansicht, alle wesentlichen Fragen der Skaldenforschung seien endgültig gelöst.

Da setzte 1923 der Schwede Ernst Albin Kock (1864-1943) zu einem Generalangriff gegen Finnur Jónsson an, und zwar in einer langen Folge von Einzelinterprerationen, die er unter dem Titel "Notationes norrœnæ" in insgesamt 3428 Paragraphen bis 1941 veröffentlichte. Kock vertrat den Standpunkt, daß auch in der Skaldendichtung die angeblich zeitlos gültigen Vorstellungen der Natürlichkeit und des gesunden Menschenverstandes geherrscht hätten und daß man in der Interpretation der Skaldenstrophen sehr häufig zu weitaus einfacheren, leichter verständlichen Lösungen gelange, wenn man nur die komplizierten Stilschemata über Bord werfe, mit denen Finnur Jónsson die Skaldendichtung zu einer Art Geheimwissenschaft gemacht habe. Mit Finnur Jónsson wird auch Snorri Sturluson als skaldische Autorität verworfen. Kock selbst betrachtete seinen Vorstoß als einen Angriff auf die ganze "isländische Schule", wie er sie nannte, und zwar nicht nur im Hinblick auf die ästhetische Einstellung, sondern auch im Hinblick auf die Arbeitsmethode. Man müsse nämlich – so lautet Kocks zweite Forderung – bei den Erklärungen schwieriger und seltener Wörter, wie sie gerade in der skaldischen Kunstsprache häufig vorkommen, nicht so sehr auf den neuisländischen Wortgebrauch zurückgreifen, wie es Finnur Jónsson als gebürtiger Isländer tat, sondern auf die gleichzeitigen anderen germanischen Sprachen, auf das Altenglische, das Althochdeutsche, das Altsächsische. Es macht sich hier bemerkbar, daß E.A.Kock von Haus aus gar nicht Altnordist, sondern Altgermanist war, vom *Heliand, Beowulf* und *Hildebrandslied* her auf die Skaldendichtung stieß. Und es gab schließlich noch eine dritte Forderung, nämlich die, die Texte möglichst so stehenzulassen, wie sie uns in den Handschriften überliefert sind: es ergäben sich gerade dann meist leicht verständliche Sätze, während Finnur Jónsson in seinem Bestreben, die mehrgliedrigen Umschreibungen schemagerecht herzustellen, viel zu sehr an den Texten herumgebessert habe. Aber wie es so zu gehen pflegt: Nachdem Kock seine "Lehre" einmal ausgebaut hatte, begann er selbst, die Texte dort, wo sie widerstrebten, darauf zurechtzustutzen. Doch von dieser textkritischen Misère der Skaldendichtung soll später noch die Rede sein. Zunächst sollen die gegensätzlichen Interpretationsprinzipien Finnur Jónssons und Ernst Albin Kocks einmal an einem Strophenbeispiel veranschaulicht werden: an einer Halbstrophe aus dem "Erblied", das der Skalde Hallfrøðr auf den Norwegerkönig Olaf Tryggvason dichtete (Skj.I, 164). Olaf Tryggvason erlag i. J. 1000 in einer berühmten Seeschlacht der Übermacht seiner Gegner, des Dänenkönigs, des Schwedenkönigs und des tröndischen Jarls Eiríkr. Die Halbstrophe 21b lautet (zunächst ohne Interpunktion):

> *væri oss þótt ærir*
> *elds þeim svikum beldi*
> *heilalíkn ef hauka*
> *háklifs jǫfurr lifði.*

Einwandfrei hebt sich folgender Satzzusammenhang heraus: *væri oss, þótt ærir [...] þeim svikum beldi, heilalíkn, ef [...] jǫfurr lifði* "Es wäre uns, obwohl die Boten [...] ihm Betrug antaten, ein glücklicher Trost, wenn [...] der Fürst lebte." Der Sinn ist klar: Mit den *ærir*, die den König betrogen, sind offenbar die Gegner in der Schlacht gemeint, allen voran der norwegische Jarl Eiríkr, der – in Hallfrøðs Verständnis – gegen seinen eigenen König kämpfte. Das Wort *ærir* "Boten" ist dem Kenner der Skaldendichtung keineswegs befremdlich, denn es erscheint häufig als Grundwort in Umschreibungen für "Krieger" ("Boten des Schwertes, des Helmes, des Pfeilregens, des Goldes" usw.). In der Frage, wie im vorliegenden Falle das Grundwort zu ergänzen sei, scheiden sich allerdings die Geister.

Finnur Jónsson möchte eine exakte skaldische Umschreibung nach einem mehrfach belegten Schema herstellen; es wird nämlich das Gold sehr oft "Feuer des Armes" genannt und der Arm wiederum "Klippe der Falken", – man erinnere sich an *haukvǫllr* in der Rögnvaldr-Strophe (ähnlich *hauka fjall* in einer Strophe Eyvinds). Finnur Jónsson findet diesen Umschreibungstyp in *eldr hauka háklifs* "das Feuer der Hochklippe der Falken", und da *eldr* im Genitiv steht, verbindet er weiter: *ærir elds hauka háklifs* "die Boten des Feuers der Falkenklippe" (= die Männer des Goldes = die Krieger). Damit aber scheint die Wortfolge der Strophe zu einem heillosen Durcheinander zu werden: die eine Hälfte der Umschreibung steht mitten in dem Nebensatz *ef [...] jǫfurr lifði*.

Hier glaubt Kock helfen zu können. Er erklärt, daß das Wort *eldr* "Feuer" allein als Metapher für "Schwert", d.h. für die blitzende Schwertklinge, durchaus sinnvoll sei und daß *hauka háklif* "die hohe Falkenklippe", sobald man die Verbindung wörtlich im Sinne von "Bergland" auffasse, sich sehr gut mit *jǫfurr* verbinden lasse: "Fürst des Berglandes" sei eine dichterisch gelungene, anschauliche Umschreibung für den norwegischen König (NN §511). Sicherlich wird die Wortfolge damit einfach und völlig prosagleich. Aber entscheidend ist nicht, was wir heute für dichterisch gelungen halten, sondern entscheidend sind allein die Stilregeln der Skaldendichtung. Und innerhalb der skaldischen Kunstsprache liegt es nun sehr viel näher, *hauka háklif* im Sinne des geläufigen Umschreibungstypus als Metapher für "Arm" zu verstehen.

Immerhin wurden Kocks Arbeiten von einem großen Teil der Forscher zunächst geradezu als Erlösung empfunden, in Deutschland besonders von dem als Edda-Übersetzer bekannten Felix Genzmer (vgl. seinen Aufsatz "Alte und neue Auffassung der Skaldendichtung", in: GRM 17, 1929, S. 96-110). Kaum bewußt wurde dabei, daß sich in der Einstellung zur Skaldendichtung grundsätzlich nichts geändert hatte: Kock vertrat ja ein Stilideal, dem auch schon Finnur Jónsson angehangen hatte, nämlich die naturalistische Kunstauffassung des 19. Jahrhunderts, nur daß Finnur Jónsson meinte, der Skald sei durch die strengen Forderungen der Metrik und der Umschreibungstechnik w o h l   o d e r   ü b e l gezwungen gewesen, gegen die natürliche Wortstellung zu verstoßen. Zweifellos traf Kock sehr oft das Richtige. Aber ebenso zweifellos ist sein methodischer Grundsatz falsch, der sich an den angeblich zeitlosen Regeln der Natürlichkeit und Vernünftigkeit orientierte.

Der erste, der auf die Mängel des Kockschen Ansatzes energisch hinwies, war Hans Kuhn (1899-1988), dessen Urteile sich auf sorgfältige metrische Untersuchungen stützten. Schon von seinen ersten Arbeiten an – seit 1929 – betonte er, daß es nicht darauf ankomme, wie Kock an einzelnen Stellen herumzubessern, sondern darauf, die Regeln der skaldischen Wortstellung und des Versbaues zu finden (Kleine Schriften 1, 1969, S. 421ff.). Eine der wichtigsten Regeln, die Kuhn herausfand, ist das sog. "Zäsurgesetz". Es besagt, daß eine Satzgrenze im Anvers, d.h. in der jeweils ungeradzahligen Zeile, stets zwischen die beiden stabenden Hebungen und in allen Zeilen, also auch im Abvers, zwischen die beiden Binnenreimsilben fällt. Da bei den Skalden – im Gegensatz zur epischen Stabreimdichtung – eine Satzgrenze häufig in das Innere eines Verses fällt, kommt den Stab- und Binnenreimen, wie das "Zäsurgesetz" zeigt, eine wichtige gliedernde Wirkung zu (vgl. Z.1: *væri oss,/ þótt ærir*). Auf Grund dieses Gesetzes lehnt Kuhn die dreigeteilten Verse ab und versucht in der 3. Zeile eine Deutung, die die Dreiteilung vermeidet. Er faßt *haukr* "Habicht" als eine auch sonst gelegentlich vorkommende Metapher für "Krieger" auf und zieht den Gen.Plur. *hauka* zu *jǫfurr* in der 4. Zeile: "Fürst der Krieger". Er erreicht auf diese Weise, daß die Konjunktion *ef* nicht isoliert dasteht, sondern den Nebensatz tatsächlich einleitet. *Háklif* dagegen stellt er zum ersten Nebensatz, indem er das Wort nicht als "hohe Klippe" deutet, sondern als "Haienklippe" (*hár* "Ruderdollen, Hai"), d.h. als "Welle", und er erreicht damit einen Umschreibungstyp für "Gold", der auf dem Bild des im Rhein versenkten Nibelungenhortes beruht: *eldr háklifs* "Feuer der Welle". Die *ærir elds háklifs* sind dann wiederum die Krieger. Diese Deutung tut zwar dem Zäsurgesetz Genüge (Z.4: *háklifs,/ jǫfurr lifði*), ist aber aus anderen Gründen wenig überzeugend, denn 1. kommt *hár* "Hai" in der Skaldendichtung sonst nicht vor (nur einmal in einer versifizierten Wortliste), während *há-* in Zusammensetzungen durchweg entweder den "Ruderdollen" meint (*hádýr, háreið, háseti* usw.) oder das Adjektiv "hoch" (*háborg, háfjall, hámáni* usw.), und 2. ist der Umschreibungstyp *hauka háklif* "Arm" so geläufig, daß man es den Hörern nicht zumuten kann, die beiden – unmittelbar aufeinander folgenden! – Elemente zu trennen und verschiedenen Grundwörtern zuzuweisen. Finnur Jónssons Deutung, die *hauka háklifs* verbindet und zu *eldr* stellt ("Feuer des Arms" = Gold), scheint mir der Typik der skaldischen Kunstsprache immer noch am besten gerecht zu werden. Die Hörer, die eine Ergänzung zu *ærir elds [...]* unbedingt erwarten müssen, werden die Genitivformen *hauka háklifs* sofort aufgreifen, um das noch unerledigte Schema auszufüllen, – vor allem auch deshalb, weil der Nominativ *jǫfurr* "Fürst", an den Kock und Kuhn beide Genitive oder den einen Genitiv anschließen wollen, erst folgt, nachdem die Genitive schon ausgesprochen und von den Hörern bereits anderweitig untergebracht sind, und *jǫfurr* überdies eines Genitivattributs nicht bedarf.

Die Besprechung der – künstlerisch anspruchslosen – Halbstrophe ist bewußt so ausführlich gehalten, weil hier an einem x-beliebigen Beispiel die im Laufe der Zeit wechselnden Interpretationsmethoden und damit zugleich die enormen Schwierigkeiten und Unsicherheiten demonstriert werden können, denen die Skaldenforschung noch immer gegenübersteht. Es geht dabei meist um die Frage, wie hoch man die Künstlichkeit und Regelhaftigkeit der Skaldensprache einschätzt: Inwieweit ließ sie eine ungewöhnliche Zusammensetzung (*háklif* "H a i e n klippe"?) oder eine vom Schema abweichende Metapher (*háklifs jǫfurr* "Fürst des Berglandes"?) zu? In welchem Maße war die Erwartungshaltung der zeitgenössischen Hörer vorgeprägt und in welchem Maße war wiederum der Skald an ein derart vorgeprägtes Aufnahmevermögen der Hörer gebunden?

5. DIE KENNING ALS WICHTIGSTES STILMITTEL DER SKALDENDICHTUNG: GEDANKLICHE ASSOZIATION STATT ANSCHAUUNG.

Die Umschreibung, die sog. Kenning, ist das auffälligste Stilmittel der Skaldendichtung – Jorge Luis Borges nennt sie "eine der unverfrorensten Verirrungen, die die Geschichte der Literatur verzeichnet" (Das Eine und die Vielen, 1966, S. 17), – aber bis heute scheint nicht einmal geklärt zu sein, was eigentlich eine Kenning ist. Jedenfalls pflegt man noch immer darüber zu streiten, ob diese oder jene Metapher – etwa im Neuhochdeutschen *Dampfroß* oder *Rebensaft* – die Bedingungen der Kenning erfülle oder nicht, und man meint, schon die Definitionen, die die altnordischen Lehrschriften des 13. Jahrhunderts, vor allem die *Snorra Edda*, gäben, seien unklar. In Wirklichkeit ist dies nicht der Fall, wenn man nur unvoreingenommen diese Definitionen zu verstehen sucht.

Im Altnordischen wird der Ausdruck, der ein Objekt sprachlich erfaßt, *heiti* genannt, und man unterscheidet dabei *ókent heiti* "ungekennzeichneter Ausdruck" und *kent heiti* "gekennzeichneter Ausdruck" (zum Verb *kenna* "kennzeichnen, bezeichnen"); das erste wird dabei gelegentlich auch schlechthin *heiti* genannt, das zweite auch *kenning* (Plur. *kenningar*).

Was meint diese Unterscheidung? Snorri erläutert das *kent heiti* (die *kenning*) mit Beispielen, die alle zweigliedrig sind, bestehend aus einem Grundwort und einem genitivischen Bestimmungswort (SnE 1900, S. 74).

Dahin würde etwa gehören: *hestr Ekkils* "Pferd des (Seekönigs) Ekkil" =
Schiff, *brynju meiðr* "der Brünne Baum" = Krieger. Das *ókent heiti* oder *heiti*
dagegen ist der einfache Ausdruck ohne genitivischen Zusatz, also *gramr* oder
allvaldr oder *skjǫldungr* für "König, Fürst". Auch die Verwendung des Verbs
kenna legt diese Definition nahe, schränkt sie allerdings in einer bedeutsamen
Weise ein. Und zwar heißt es in einer der Lehrschriften des 13. Jahrhunderts,
der sog. *3. grammatischen Abhandlung* des Óláfr Þórðarson, eine Mannkenning könne dadurch gebildet werden, *at kalla manninn Ása heitum ok kenna
svá til vápna eðr skipa* "den Mann mit Namen der Asen zu benennen und ihn
dann nach Waffen oder Schiffen zu kennzeichnen" (udg. af B. M. Ólsen, 1884,
S. 103). Das heißt: der Mann wird mit einem Ausdruck benannt, der ihm eigentlich nicht zukommt, hier mit dem Namen irgendeines Gottes; dann aber
wird das Wort, das den Gott bezeichnet, durch den genitivischen Zusatz so
charakterisiert, daß die Metapher auf den Begriff des Mannes zurückgelenkt
wird, z.B. *Ullr ímunlauks* "Ull des Schlachtlauches, d.h. des Schwertes" =
Krieger. Dieses rücklenkende Charakterisieren, wie man es nennen könnte,
heißt im Altnordischen *kenna til eins* "kennzeichnen auf etwas hin". Das Wort
meiðr "Baum" steht dem Begriff des Kriegers zunächst fern, und erst der Zusatz *brynju* lenkt auf das eigentlich Gemeinte zurück: "Baum der Brünne".

Selbstverständlich wird man nicht nur Kombinationen von Grundwort
und Genitivattribut, sondern auch Zusammensetzungen zum *kent heiti* rechnen
dürfen, also *sárlaukr* "Wundenlauch" = Schwert oder *malmþing* "Erzver-
sammlung" = Schlacht. Und selbstverständlich fallen auch mehrgliedrige Umschreibungen unter diesen Begriff, also *benvíðis skári* "Möve des Wunden-
meeres", d.h. des Blutes = Rabe, *ærir elds hauka háklifs* = Krieger. Die Beispiele zeigen, daß in solchen drei-, vier-, oder gar fünfgliedrigen Kenningen
mehrere Kenninge aufeinandergepfropft sind.

Zweifellos liegt ein wesentlicher Reiz der Kenning im Spiel mit dem
Spannungsverhältnis zwischen zwei sich gegenseitig fremden Vorstellungs-
gebieten. Andreas Heusler – in einer Besprechung des Meissnerschen Ken-
ning-Buches (1922, in: Kl. Schriften 1, 1943, Nachdr.1969, S. 296 - 299) –
verwendet, um seine Kenning-Definition zu illustrieren, das Beispiel "Ase der
Felsen" für Riese: Die Riesen wohnen in Utgard, im Felsengebirge am Rande
des Erdkreises, "Ase" und "Fels" haben nichts miteinander zu tun, auch ist der
Riese kein Ase, aber im Felsengebirge spielt er eine ähnlich dominierende
Rolle wie der Ase in Midgard, und insofern ist er der "Ase der Felsen". Heusler nennt dies "Metapher mit Ablenkung", richtiger wäre vielleicht – wie schon
gesagt – "Metapher mit Rücklenkung (auf das eigentlich Gemeinte)". Die
Kenning bemüht sich also mehr um eine gedankliche als um eine bildliche,
anschauliche Vorstellung, und auch der genitivische Zusatz dient nicht dazu,

eine Anschauung auszufüllen und abzurunden, sondern er kann geradezu –
eben wegen seiner rücklenkenden Funktion – das vielleicht gerade vor den
Augen des Hörers sich entwickelnde Bild zerstören. Das macht sich gelegentlich deutlich bemerkbar, wenn die Kenning noch durch ein Adjektiv ergänzt
ist, das die rücklenkende Funktion unterstützen soll, z.b. *bǫðserkja birki barklaust* "borkenlose Birken der Kampfhemden" = Krieger. Rudolf Meissner
(Die Kenningar der Skalden, S. 55) hat diese Kenning wahrscheinlich mißverstanden, wenn er unterstellt, der Dichter habe damit sagen wollen, die Krieger
seien in ihren Brünnen so schutzlos wie borkenlose Birken. Der Zusatz
barklaust hat aber wohl eher die Funktion, auf das eigentlich Gemeinte zu-
rückzulenken, auf die Krieger, die eben keine Borken haben, und es wird in
Kauf genommen, daß das Bild von den Birken – wenn es sich dem Hörer
überhaupt gebildet hat – verlorengeht.

Nach dieser strengen Definition ist *Rebensaft* keine Kenning, denn im
Wort *Saft* liegt schon die allgemeine Bedeutung von "Wein", wohl aber
Dampfroß, denn die Lokomotive ist kein Pferd, und erst der Zusatz *Dampf-*
lenkt auf das Gemeinte zurück. Keine Kenning ist der Ausdruck *mjǫðrann*
"Methaus", der in der eddischen *Atlakviða* die Fürstenhalle bezeichnet, wohl
aber der Ausdruck *ǫlkjóll* "Bierschiff", den die *Hymiskviða* bildet, ein Eddalied, das auch sonst skaldischem Stil nahesteht.

Fraglich ist allerdings, ob eine solche strenge Definition dem mittelalterlichen Verständnis der Kenning wirklich gerecht wird. Wie steht es etwa
mit der (vorhin besprochenen) Metapher *hauka háklif* für Arm? Der genitivische Zusatz *hauka* lenkt die Metapher zwar auf das eigentlich Gemeinte hin,
aber "Falken" und "(Hoch-)Klippe" gehören zum gleichen Vorstellungsgebiet.
Man könnte sagen, hier liege die Spannung nicht zwischen Grund- und Bestimmungswort, sondern zwischen Grundwort und gemeintem Begriff. Aber
die bloße Ungewöhnlichkeit oder gar Skurrilität einer Metapher, die den Arm
zur Falkenklippe macht, reicht nicht aus, eine solche Metapher als Kenning zu
definieren. Vielmehr wird ihre Eigenart erst deutlich, wenn man sie im Kontext ihres Satzverbandes betrachtet. Eine Strophe, die Eyvindr skaldaspillir in
der 2. Hälfte des 10. Jahrhunderts dichtet, kann dies illustrieren. Er erklärt darin, daß der verstorbene König Hákon großzügig das Gold verschenkte, so daß
seine Mannen es am Arm trugen, während derjetzt lebende König Harald es in
der Erde vergraben habe (Lv.8, Skj.I, 73):

> *Bǫrum, Ullr, of alla,*
> *ímunlauks, á hauka*
> *fjǫllum Fýrisvalla*
> *fræ Hákonar ævi.*

Nú hefr folkstríðir Fróða
fáglýjaðra þýja
meldr í móður holdi
mellu dolgs of folgin.

Die Strophe ist ein skaldisches Meisterstück, obwohl (oder gerade weil) ihre Bildersprache auf den heutigen Hörer äußerst unbeholfen wirkt. In wörtlicher Übersetzung lautet sie: "Wir trugen, Gott des Schlachtlauches (Harald), auf den Bergklippen der Falken die Saat des Fyrisfeldes während der ganzen Lebenszeit Hakons (*of alla Hákonar ævi*). Jetzt hat der Volksbekümmerer (Harald) das Mehl der unglücklichen Mägde Frodis im Fleisch der Mutter des Feindes der Riesin (d.h. der Mutter Thors = der Erde) verborgen." Befremdlich für den modernen Geschmack ist es, daß die Kenninge schon insofern keine Anschaulichkeit entstehen lassen, als sie auf die jeweilig anderen, im Kontext erscheinenden Kenninge keine Rücksicht nehmen. Sie brauchen es auch nicht, weil sie ja auch in sich selbst keine Anschaulichkeit anstreben. *Fýrisvalla fræ*, "Saat des Fyrisfeldes", könnte so etwas wie ein Bild ergeben, ist aber eher eine Chiffre, eine Kurzformel, die im Hörer die Erinnerung an eine bestimmte Szene der dänischen Heldensage wecken soll: die Erinnerung an die Szene, in der der Dänenkönig Hrólfr kraki seinem Verfolger das gerade geraubte Gold vor die Füße wirft, es gleichsam auf dem Fyrisfeld "aussät", weil es ihm nur um die Demütigung, die Bloßstellung seines knauserigen Gegners geht und nicht um die Beute. Der Dichter will sagen, daß auch der tote König Hákon ein solch großzügiger Goldverschwender wie Hrólfr Kraki war. Ähnlich steht es mit der "Falkenklippe": Auch hier kommt es nicht eigentlich auf das Bild an, sondern darauf, mit der Apostrophierung des aristokratischen Sports der Falkenjagd – in welchem Maße er in Norwegen schon während des 10. Jahrhunderts tatsächlich ausgeübt wurde, mag dahingestellt bleiben (vgl. G. Hofmann, ZfdA 88,1957/58, S. 115ff.) – auf die Exklusivität des Kreises anzuspielen, dem sich auch der Dichter zurechnet. Daß die Erinnerung an die dänische Heldensage sehr bewußt gewählt ist, zeigt deutlich erst die zweite Strophenhälfte. Wieder erscheint eine "Gold"-Kenning, und wieder ist sie eine Anspielung auf die dänische Heldensage, aber der Sinn ist ein ganz anderer, ein genau entgegengesetzter: *Fróða fáglýjaðra þýja meldr* "Mehl der unglücklichen Mägde Frodis" spricht – wie wir schon aus der Rögnvaldr-Strophe wissen (oben S. 10) – die Sage von König Frodi an, der sich von zwei gefangenen Riesinnen Gold mahlen ließ und sie in seiner Habgier so lange zur Arbeit zwang, bis sie ihm den Untergang seiner Herrschaft heraufbeschworen. Ein solcher Frodi zu sein, – diesen Makel heftet der Skald dem König Harald an. Eyvinds Strophe will also – ungeachtet ihres großen ästhetischen Reizes – keine Anschaulichkeit erzeugen (denn wie ließe sich etwa das "Mehl" in "Fleisch" verbergen?). Vielmehr will sie dem Hörer gewisse Assoziationen suggerieren, die sich dann auf gedanklicher Ebene durchaus zu einer sinnvollen Einheit zusammenschließen. Die eigentliche Wirkung der Strophe ist eingebunden in die beiden "Gold"-Kenninge: Rühmung des toten Königs, Verwünschung des lebenden, – versteckt, doch gerade deshalb nicht weniger wirkungsvoll!

Nun gibt es aber zweifellos auch Beispiele dafür, daß sich Skalden bemühen, das einmal gewählte Bild einer Kenning über die ganze Strophe oder gar über mehrere Strophen des Gedichts auszudehnen und dabei nicht nur die übrigen Kenninge, sondern alle Ausdrücke des Satzes auf dieses Bild abzustimmen. Eine ungewöhnliche Raffinesse in solcher "Satzmetaphorisierung" zeigt Hallfrøðr vandræðaskald, der am Ende des 10. Jahrhunderts eine *Hákonardrápa*, ein Preislied auf den tröndischen Jarl Hákon, dichtet und darin die Inbesitznahme Norwegens durch Hákon im Bild einer Werbung, Eheverhandlung und Vermählung darstellt (Skj.I, 155f.). Norwegen erscheint als *Þriðja biðkvǫn* "Odins Braut" (Str.3), als *Auðs systir* "Auds Schwester" (Str.4), als *Ónars eingadóttir* "Ónars einzige Tochter" (Str.5), als *Báleygs brúð*, also abermals als "Odins Braut" (Str.6): – in allen vier Umschreibungen ist die Göttin *Jǫrð* "Erde" gemeint, um die der Jarl wirbt und die er schließlich mit *stála ríkismólum*, mit den "Machtworten stählerner Waffen", gewinnen kann. Es steckt auch sicherlich Absicht dahinter, daß Hákon in Str.5, in der von *róð* "Eheverhandlungen" die Rede ist, als *konungs spjalli* "Gesprächsfreund des Königs" bezeichnet wird, denn die Inbesitznahme Norwegens erfolgte unter dem kriegerischen Beistand und der Lehnshoheit des Dänenkönigs Harald Blauzahn, so daß Harald hier zu einer Art Vormund der Braut wird. Als Kostprobe soll die Str.3 genügen:

> *Sannyrðum spenr sverða*
> *snarr þiggjandi viggja*
> *barrhaddaða byrjar*
> *biðkvǫn und sik Þriðja.*

"Mit ernst gemeinten Worten der Schwerter (*sannyrðum sverða*) lockt der kühne Besitzer der Windrosse (*viggja byrjar*, der Schiffe) die mit Nadelbäumen behaarte Braut Odins (*biðkvǫn Þriðja*) an sich."

Die Umschreibung *Þriðja biðkvǫn* "Odins Braut" wirft sogleich wieder die Frage nach der rechten Definition der Kenning auf. Im strengen – vorhin beschriebenen – Sinne gehört sie sicherlich nicht dazu, nach zeitgenössischem Verständnis aber wohl doch, denn Hallfrøðr behandelt sie in echt skaldischer

Manier, indem er sie mit einem Adjektiv versieht, das die "rücklenkende" Funktion übernimmt und dadurch die Anschaulichkeit zerstört: *barrhaddaðr* "behaart mit Nadelbäumen" macht deutlich, daß es sich eben nicht um eine Frau handelt, sondern um das norwegische Land. Damit zeigt sich auch, daß diese Form der "Satzmetaphorisierung", die Snorri als *nýgerving* "Neubildung" bezeichnet (SnE S. 152, ferner S. 97), nicht etwa aus dem Bemühen um Natürlichkeit und Anschaulichkeit hervorgegangen ist. Vielmehr handelt es sich auch hier um "die eigenartige, echt skaldische Spannung zwischen zwei Ebenen der Aussage, der des eigentlich Gemeinten und der des darüber gelagerten Bildes" (Dietrich Hofmann, AfdA 71, 1958/59, S. 53), also nicht um eine naturalistische Gegenbewegung gegen den anaturalistischen Kenningstil, sondern um eine Weiterführung des Kenningstils zu einem förmlichen "Simultansprechen". Die Artistik, die Spielfreudigkeit der Skaldensprache kommt gerade hier zur vollen Geltung, – so auch in einer Strophe des Sturla Þórðarson, in der der Trinkbecher als *vínfar* "Weinschiff" und die Zähne der Trinkenden dementsprechend als *gómsker* "Kieferklippen" bezeichnet werden (Str.33, Skj.II, 117).

Auch sonst läßt sich gerade an Hallfrøðs – nur scheinbar aus dem Rahmen des Üblichen fallenden – *Hákonardrápa* die Eigenart des Kenningstils gut exemplifizieren: Die vier vorhin genannten *Jǫrð*-Kenninge nehmen trotz aller "Anschaulichkeit" der Darstellung auf die spezielle Situation, in der sie erscheinen, keine Rücksicht, sondern beziehen sich allgemein und unmittelbar auf die gemeinte Person. Das heißt: sie haben nur die Funktion, von Fall zu Fall als *Jǫrð* ("Erde" = Norwegen) auflösbar zu sein. Daß *Jǫrð* ausgerechnet dort, wo von Hákons "Werbung" die Rede ist, "Odins Braut" genannt wird, ist also nach skaldischem Verständnis kein Stilverstoß. Situationsgebundene Kenninge sind ziemlich selten: Hallfrøðr nennt seine Geliebte Kolfinna einmal, als eine nächtliche Szene beschrieben wird, *dýnu Rǫn* "Ran (Göttin) des Kissens" (Str.15, Skj.I, 170), aber auch diese Kenning ist an sich eine typische Frauenkenning, die hier nur eben um der speziellen Situation willen gewählt sein mag. Eine individuell charakterisierende Funktion wäre vielleicht eher zu erwarten, wenn die Kenning – wie die immer wieder verglichene altirische Umschreibung – als Apposition aufträte. Aber es ist eine wichtige Eigentümlichkeit der Kenning, daß dies nicht der Fall ist. In Hallfrøðs *Hákonardrápa* wird der Name *Jǫrð*, dem die Kenninge hätten zugeordnet werden können, ja nicht einmal erwähnt.

Zur Verdeutlichung des Gesagten ein Gegenbeispiel: Im eddischen *Brot af Sigurðarkviðu* wird Gunnar als *gotvaðr Sigurðar* "Beerdiger, d.h. Mörder Sigurds" bezeichnet. Gudrun verwendet die Umschreibung in einer wörtlichen Rede, in der sie Gunnar als den Mörder Sigurds verflucht (Str.11, 5-8):

> *Gramir hafi Gunnar,*   *gǫtvað Sigurðar,*
> *heiptgiarns hugar*   *hefnt scal verða.*

"Die Unholde mögen Gunnar haben,   den Mörder Sigurds,
sein haßerfüllter Sinn   verdient die Rache."

Der Kontext macht deutlich, weshalb die auffällige Umschreibung – *gǫtvaðr* ist immerhin hapax legomenon – keine Kenning ist: 1. tritt sie als Apposition auf, 2. ist sie an die spezielle Situation, in der sie erscheint – die Mordanklage –, gebunden. Ebenso kann aber auch in einem anderen Fall der Kontext erklären, weshalb beispielsweise die landläufige Umschreibung *Frísa dolgr* "Feind der Friesen", die in einer Strophe des Skúli Þórsteinsson auftaucht (Skj.I, 305f.), nach mittelalterlichem Verständnis doch wohl als Kenning zählen darf: 1. steht sie frei, also nicht als Apposition (es ist daher nicht einmal sicher, wer eigentlich gemeint ist), und 2. scheint sie nicht in einem Zusammenhang aufzutreten, in dem von Kämpfen gegen Friesen die Rede ist, charakterisiert die gemeinte Person also nicht aus der Situation heraus.

Das Fazit des Abschnittes ist, daß man auch hier – wie schon beim Begriff der Skaldendichtung – nicht umhin kommt, die Definition möglichst locker zu halten, neben der Kenning im engeren Sinne (*Ullr ímunlauks, brynju meiðr*) die Kenning im weiteren Sinne (*hauka háklif* oder gar *Frísa dolgr*) gelten zu lassen.

6. DER KENNINGSTIL IN INHALTLICHER HINSICHT: MYTHOS UND HELDENSAGE ALS TRADITIONSHINTERGRUND. VORAUSSETZUNG DER KENNERSCHAFT IM PUBLIKUM.

Schon einige der genannten Beispiele zeigen, daß ein großer Teil der Kenninge aus den Bereichen des Mythos und der Heldensage bezogen ist. Dahin gehören nicht nur die zahllosen Krieger- und Frauenkenninge, die den Namen eines Gottes oder einer Göttin als Grundwort haben – *Ullr ímunlauks* oder *dýnu Rǫn* –, sondern auch Kenninge, die auf bestimmte Szenen anspielen. So bezeichnet die – um ein Adjektiv erweiterte – Kenning *svalr hestr Signýjar vers* "das kühle Roß des Mannes der Signy" (Ynglingatal Str.10. Skj.I, 9) den Galgen, da Hagbard an den Galgen geknüpft wurde, nachdem seine Liebe zu Signy entdeckt worden war: der Gehenkte, der mit dem Strick am Galgen hängt, wird hier mit dem Reiter verglichen, der mit dem Zügel das Pferd lenkt, und um die Gleichung *hestr* = "Galgen" verständlich zu machen, erscheint neben dem genitivischen Zusatz noch das Adjektiv *svalr*, das auf den im kühlen Wind stehenden Galgen, den *vindga-meiðr* (Hávamál 138), anzuspielen scheint, also auf das eigentlich Gemeinte zurücklenkt. Ebenfalls aus der dänischen Heldensage stammt die "Gold"-Kenning *Fýrisvalla fræ* "Saat des Fyrisfeldes", die – wie schon gesagt – auf die Szene anspielt, in der Hrólfr kraki seinem Verfolger das Gold vor die Füße wirft.

Die Skalden setzen bei ihren Hörern also eine profunde Kenntnis der Mythen und Sagen voraus. Nur in Ländern mit einer ungebrochenen – von fremden Anregungen zwar geförderten, aber nie von Überfremdung gefährdeten – kulturellen Entwicklung ist eine Kunstgattung denkbar, die über ein solches Reservoir von Traditionswissen verfügen kann. Noch Martin Andersen Nexø erzählt, daß er sich mit einem Zitat aus der Hrólfr-kraki-Sage – gesprochen durch den Briefschlitz der Tür – Eingang in Strindbergs Wohnung verschafft habe: "Ich bin krank", flüsterte Strindberg. "Sonst mache ich niemandem auf, aber Sie zitierten 'Rolf Krake' " (Strindberg im Zeugnis der Zeitgenossen, 1963, S. 390). Hier ist die Kenntnis von Mythos und Sage längst zu einem spielerisch verwendeten, aber eben doch ehrwürdigen, gemeinschaftsstiftenden Kulturbesitz geworden. Zum großen Teil wird diese Haltung gegenüber der eigenen mythisch-heroischen Vergangenheit schon für die Skalden und ihre zeitgenössischen Hörer gelten, so daß die Frage, ob eine mythologische Kenning religiös verbindlich oder "nur" dichterisches Versatzstück gewesen sei, in dieser alternativen Form falsch gestellt ist. Einarr Skúlason, ein christlicher Skald des 12. Jahrhunderts, verwendet in seinem *Geisli* (Strahl), einem Preislied auf den heiligen Olaf aus Anlaß der Errichtung des Erzbistums Nidaros, die Schwertkenning *gylðis kindar gómsparri* "Gaumensperre des Wolfssprosses" (Str.48, Skj.I, 468). Die Kenning ist eine Anspielung auf den Kampf der Götter mit dem Fenriswolf, dem gefährlichsten der Dämonen, die später ihren Untergang herbeiführen: Die Götter fesseln den Wolf und setzen ihm ein Schwert senkrecht zwischen die Kiefer, damit er nicht zubeißen kann (SnE S. 35). Eine Kenning, die genaues Vertrautsein mit dem heidnischen Mythos voraussetzt, im Munde eines hochmittelalterlichen geistlichen Dichters, – wie soll man sich dieses erstaunliche Phänomen erklären? Es scheint, daß der Mythos vom Fenriswolf für Einarr Skúlason dieselbe Verbindlichkeit besaß wie die Sage von Hrólfr kraki für Andersen Nexø und Strindberg.

Für den Mythenforscher sind die skaldischen Kenninge deshalb wichtig, weil sie gelegentlich Hinweise auf Mythen geben, die sonst nur in später Fassung oder gar nicht überliefert sind. So spielt der mehrfach vorkommende Kenningtyp *Ullar skip, Ullar kjóll, Ullar far, Ullar askr*, der den Schild als "Schiff des Gottes Ullr" bezeichnet (Lex.poet. 578f.), offenbar auf einen verlorenen Mythos an, den man nur mühsam mit Hilfe auswärtiger Parallelen zu rekonstruieren versucht hat: den Mythos eines Vegetationsgottes, der auf einem Schild schwimmend an Land treibt (H.Rosenfeld, ZfdPh 61, 1936, S. 244f). Gerade das Andeutungshafte, das der Kenning eigentümlich ist, gibt dem Mythenforscher allerdings auch eine Gewähr der Sicherheit: Es setzt nämlich voraus, daß der angesprochene Mythos bei den Hörern des Skalden (schon oder noch immer) bekannt gewesen sein muß – so anderthalb Jahrhunderte nach der Bekehrung unter den Geistlichen in Nidaros der Fenriswolf-Mythos –, denn der Skald kann, um verstanden zu werden, keine neuen Mythen erfinden oder sie inhaltlich ausschmücken, wie es die Dichter jüngerer Eddalieder gelegentlich getan zu haben scheinen, sondern er muß sich auf Bekanntes, Überliefertes berufen und kann seine Kunst allein darin suchen, die Anspielungen geschickt und geistreich anzubringen und die vorhandenen Typen mit immer neuen Wörtern abzuwandeln.

Diese Abwandlung der Kenningtypen, die immer wieder neue Facetten des angesprochenen Gegenstandes herausarbeiten kann, ist kennzeichnend für den skaldischen Stil. Das Gold kann beispielsweise nicht nur *Fýrisvalla fræ* heißen – bezogen auf den Ort der Sagenszene –, sondern ebenso auch *Kraka barr* "Krakis Getreide" – bezogen also auf den Akteur der Sagenszene – (vgl.dazu SnE S. 110). Nach dem Bild des im Rhein versenkten Nibelungenhortes wird das Gold *Rínar glóð* "Glut des Rheins" genannt, dann auch *Rínar sól* "Sonne des Rheins" und schließlich gar *sævar bál* "Scheiterhaufenflamme des Wassers". Auch die oben erwähnte, von Hans Kuhn konstruierte "Gold"-Kenning *eldr háklifs* "Feuer der Haienklippe" würde hierhergehören. Die sagengeschichtliche Vorstellung ist bei diesen immer neuen Abwandlungen wohl schon mehr oder weniger verblaßt. Was vom Hörer verlangt wird, ist allein die Kenntnis des zugrundeliegenden Kenningtyps und die Fähigkeit, diesen Typ in der neuen Bildung wiederzuerkennen.

Noch stärker sind die Variationsmöglichkeiten bei denjenigen Kenningen, die nicht auf eine bestimmte Episode des Mythos oder der Heldensage anspielen, die also nicht ein Wissen voraussetzen, sondern sich mehr an Verstand und Phantasie des Hörers wenden. So dienen alle nur möglichen Baumnamen als Grundwort in Mann- und Frauenkenningen, und zwar in der Weise systematisiert, daß die maskulinen Baumnamen Männer bezeichnen, die femininen Frauen: *apaldr* "Apfelbaum" steht daher in Mannkenningen, *eik* "Eiche" in Frauenkenningen, obwohl man nach (heutiger) Naturanschauung eigentlich das Umgekehrte erwarten sollte. Nach diesem Schema kann die Frau dann auch *ǫlselja* "Bierweidenbaum" und *bekkja lind* "Linde der Bänke" als Bewirterin der Gäste oder *auðar þǫll* "Föhre des Schmuckes" und *fyllar fúrþǫll* "Föhre des Meeresfeuers" als Schmuckträgerin heißen. Skaldische Variationslust versteigt sich schließlich sogar – in der *Kátrínardrápa*, einem

Gedicht auf die heilige Katharina von Alexandrien aus dem 14. Jahrhundert (Str.42, Skj.II, 524) – zu der Mannkenning *hneitis palmr* "Palme des Schwertes", denn *palmr* ist Maskulinum und daher zur Bildung einer Mannkenning geeignet.

7. DER URSPRUNG DER KENNING IN DER WORTMAGIE? DIE ETYMOLOGIE DES WORTES *SKÁLD*: DER SKALD ALS "SCHELTDICHTER".

So absonderlich und gekünstelt der skaldische Kenningstil gelegentlich auch anmuten mag: – kenningartige Bildungen gibt es selbstverständlich ebenso in den anderen germanischen und in den außergermanischen Literaturen, und man beruft sich gern auf sie, wenn es um die Frage nach der Herkunft der skaldischen Kenning geht.

Schon Aristoteles lehrt die Bildung wechselseitiger Metaphern an Hand des Beispiels ἀσπὶς Διονύσου "Schild des Dionysos" für "Trinkschale" und φιάλη ʼʼ Ἄρεως "Trinkschale des Ares" für "Schild". Daß auch die Skalden solche Spielereien lieben, ist von vornherein zu erwarten. Eyvindr skaldaspillir, ein Skald des 10. Jahrhunderts, dichtete eine Strophe, in der er erzählt, daß eine Mißernte ihn gezwungen habe, seine Pfeile gegen Heringe zu verkaufen, und er nennt darin die Pfeile "die von Egils Fäusten springenden Heringe" (Egill ist ein berühmter Bogenschütze aus der Wielandsage), die Heringe dagegen "die schlanken Pfeile der See". Im folgenden Text der Strophe und der Übersetzung ist zu beachten, daß sich die Wortfolge der 1. Zeile gern in der 4. Zeile fortsetzt, während kurze Einschubsätze gewöhnlich der 3. Zeile zufallen, so daß die vierzeilige (Halb-)Strophe zu einer Einheit geschlossen ist (Skj.I, 74):

> *Mest selda ek mínar*
> *við mævǫrum sævar*
> *– hallæri veldr hvǫru –*
> *hlaupsildr Egils gaupna.*

> "Vor allem verkaufte ich meine
> gegen die schlanken Pfeile der See
> – die Mißernte ist daran schuld –
> Springheringe der Fäuste Egils."

Beim ebenzitierten griechischen Beispiel handelt es sich um Spitzfindigkeiten des rhetorischen Stils, die in die Dichtersprache nicht eingedrungen sind, und auch im Lateinischen sind solche Bildungen selten. Óláfr Þórdarson, der sich im 13. Jahrhundert bemühte, die altnordische Dichtersprache an die Regeln der antiken Schulrhetorik zu binden, erwähnt eine Stelle bei Ovid, in der sich der Dichter als *Tiphys amoris* bezeichnet (udg.af B.M. Ólsen, 1884, S. 103). Tiphys ist der Steuermann der Argo, des berühmten Schiffes der Argonauten, und ganz richtig übersetzt Óláfr: *stýrimaðr ástar* "Steuermann der Liebe". Tatsächlich hat die lateinische Bildung eine gewisse Ähnlichkeit mit dem Typ *Ullr ímunlauks*. Aber im Lateinischen ist die Metaphernform ganz ungewöhnlich, und Óláfr schreibt selbst, daß die übertragenen Ausdrücke im Lateinischen keine genitivischen Zusätze zu haben pflegen.

Am häufigsten sind kenningähnliche Bildungen offenbar im Irischen. Das Vorbild für die skandinavischen Kenninge ist hier aber kaum zu suchen, weil die Kenninge im Skandinavischen schon kurz vor der Wikingerzeit, also kurz vor der Zeit des Kontaktes mit den Iren, nachzuweisen sind, und zwar auf dem Runenstein von Eggja. Wolfgang Krause vermutet deshalb, diese Stilfigur stamme aus einer früheren Zeit, in der die Germanen und Kelten bereits in enger Nachbarschaft gelebt hätten, aus der La-Tène-Zeit (Die Kenning als typische Stilfigur der germanischen und keltischen Dichtersprache, 1930). Aber auch das ist kaum wahrscheinlich, weil durch diese Theorie nicht erklärt wird, wie es gerade kurz vor und während der Wikingerzeit in Skandinavien zu einem solchen Aufblühen dieser Stilfigur gekommen sein soll. Der Überblick über die germanischen Literaturen zeigt nämlich, daß die Kenning im Germanischen sonst wenig vertreten ist. Sie erscheint – durchweg nur zweigliedrig und meist als Apposition – in den altenglischen Epen, so einmal in *Crist* V.862f., wo die Schiffe *sundhengestas, ealde yðmearas* "Sundhengste, alte Wogenpferde" genannt werden, dann auch bei Wolfram von Eschenbach, bei dem solche skurrilen Bildungen ja auch am ehesten zu erwarten sind: *strîtes ruoder* ist das Schwert (Parz. 304,8), und der *heiden hagel* sind die feindlichen Waffen (Willeh. 54,24), vergleichbar mit Kenningen wie *ǫrvadrif* "Schneesturm der Pfeile".

Man hat versucht, eine der Wurzeln der skaldischen Kenningsprache im alten epischen Stil zu suchen. Für diese Frage ist das Verhalten der Eddalieder nicht unwichtig. Hier sind Kenninge nicht selten, vor allem auch dreigliedrige, die es sonst – außer in der Skaldendichtung – nicht gibt, z.B. *brynþings apaldr* "Apfelbaum der Brünnenversammlung" (Sigrdrífumál 5) oder *linnvengis Bil* "Bil (Göttin) des Schlangenlagers, d.h. des Goldes" (Oddrúnargrátr 33). Es ist aber sicher, daß es sich hier nicht um episches Erbgut, sondern um skaldischen Einfluß handelt. Daß es zweigliedrige Umschreibungen, besonders in appositioneller Stellung, in der alten Epik gab und daß diese gelegentlich wohl auch in die Skaldensprache gelangten, soll dabei nicht bestritten werden. Dahin gehört vielleicht der Typ *Frísa dolgr* "Feind der Friesen", der der strengen

Definition der Kenning ja nicht entspricht. Die Abneigung der Epik gegen den Kenningstil ist grundsätzlicher Art: Die skaldischen Kenninge, die losgelöst vom Inhalt dastehen, widersprechen dem Stil fortlaufender Erzählung. Schon äußerlich zeigt sich dies an dem starken Überwiegen der nominalen Elemente gegenüber den verbalen: Die S. 29 zitierte Halbstrophe der *Hákonardrápa* enthält neben einem Verb, einer Präposition und einem Pronomen 7 Substantive und 2 Adjektive; die nominalen Elemente überwiegen also im Verhältnis 9:3. Es ist daher sicher kein Zufall, daß sich die Kenninge der Eddalieder meist in den wörtlichen Reden finden, denn dort steht die Handlung still. Auch der Skald erzählt nicht, er baut – so könnte man sagen – in seinen Strophen eine Folge von Momentbildern auf.

Will man die Ursprünge des Kenningstils finden, wird man sie in anderen Bereichen suchen müssen. Der dänische Volkskundler Axel Olrik war wohl der erste, der an die Herkunft aus einer Tabusprache dachte und dazu an die Sprache der shetländischen Fischer erinnerte. Auch Jägersprachen hat man verglichen und sogar indonesische Parallelen herangezogen (vgl. M.H. Jellinek, Zs.f.österr.Gymn. 68,1917, S. 765ff.). Eine förmliche Tabusprache konnte man aber im germanischen Bereich nicht nachweisen (vgl. W.Havers, Neuere Literatur zum Sprachtabu, 1946). Am ehesten käme wohl die Herleitung der Kenning aus Tabuwörtern der Grab- und Totenmagie in Frage, doch selbst hier sind Zeugnisse nur mit Mühe aufzutreiben und zudem unsicher. Die – aus der Zeit um 700 stammende – Runeninschrift auf der Grabplatte von Eggja, in der der Name des Toten angeblich schon auf skaldische Manier verschlüsselt sein soll, läßt sich wegen ihres schlechten Erhaltungszustandes nicht verwerten (W. Krause/ H. Jankuhn, Die Runeninschriften im älteren Futhark 1, 1966, S. 321). Und das – nach herrschender Meinung aus dem 9. Jahrhundert stammende – *Ynglingatal*, ein Preislied auf einen südnorwegischen Kleinkönig, das die Todesart und meist auch die Grabstätte eines jeden seiner Ahnen aufzählt, enthält zwar viel skaldischen Kenningschmuck, aber kaum etwas darunter, was speziell auf Totenmagie schließen lassen könnte (Skj.I, 7ff.). Es wäre vielleicht – im Anschluß an eine Theorie Ladislaus Mittners (Wurd, 1955) – verführerisch anzunehmen, der jeweilige Gegenstand, der den Tod herbeiführte, werde mit Hilfe einer Kenning sprachlich tabuisiert: In Str.1 wird berichtet, daß Fjǫlnir in einem Metfaß ertrunken sei, und der Met wird hier *svigðis geira vágr vindlauss* genannt, "die windlose Woge der Gere des Ochsen, d.h. der Trinkhörner". In Str.4 heißt das Feuer, das Vísburr den Tod brachte, *markar meinþjófr* "des Waldes gefährlicher Dieb" und zugleich *glóða garmr* "der Gluten Hund":

þás meinþjóf	"da den gefährlichen Dieb
markar ǫttu	des Waldes
setrs verjendr	die Schützer des Königssitzes
á sinn fǫður,	auf ihren Vater hetzten (*ǫttu*)
auk allvald	und den Fürsten
í arinkjóli	in des Herdes Schiff (im Haus)
glóða garmr	der Hund der Gluten
glymjandi beit.	heulend biß."

Die Theorie von der Verhüllung des todbringenden Gegenstandes scheitert aber daran, daß in anderen Strophen – z.b. in 5, 11 und 12 – diese Gegenstände bei ihren eigentlichen Namen genannt werden.

Der Versuch, die Herkunft der Kenning und allein von der Kenning her zugleich auch die Herkunft der Skaldendichtung zu erklären, führt also zu keinem schlüssigen Ergebnis. Daß allerdings ganz allgemein in der streng gebundenen Form der Skaldenstrophen Vorstellungen der Wortmagie weiterleben, gibt sich in der Überlieferung mehrfach zu erkennen. Als Sneglu-Halli, ein Skald des 11. Jahrhunderts, von seinem Herrn, dem Norwegerkönig Haraldr harðráði, gefragt wird, was er denn während seiner Abwesenheit über andere Fürsten gedichtet habe, erklärt er ihm in einer Strophe, daß er zwar in Dänemark ein Preislied auf einen Jarl gedichtet habe, daß dieses Lied aber neben anderen Unregelmäßigkeiten zwei Dutzend Formfehler enthalte (*Fjǫll eru fjórtán/ ok fǫng tíu*). Die Strophe schließt mit den Worten: *Svá skal yrkja,/ sás illa kann* "So dichtet einer, der es schlecht kann" (Skj.I, 389f.). Die letzte Zeile ist vielleicht die ironische Umkehrung einer alten Formel aus der magischen Praktik, wie sie im *2.Merseburger Zauberspruch* erscheint: *thu biguol en Uuodan, so he uuola conda.* Mit seinem Hinweis auf die Formfehler sucht Sneglu-Halli also offenbar vorzugeben, er habe die Wirkung, die das Lied eigentlich hätte haben sollen, absichtlich und arglistig hintertrieben, ohne daß der Auftraggeber, der – als Däne! – wahrscheinlich kein guter Kenner der Skaldendichtung war, dies bemerkte.

Die Sneglu-Halli-Anekdote bezieht die Vorstellung einer magischen Wirkung auf die Preisdichtung, läßt aber zugleich auch die hintergründige Gefährlichkeit skaldischer Wortkunst erkennen. Vielleicht ist sogar in der Schmähung die wortmagische Fähigkeit des Skalden ursprünglich am stärksten empfunden worden, denn es scheint, daß der Skald von dorther seinen Namen bezogen hat, daß *skáld* also mit nhd. *Schelte* etymologisch verwandt ist, zunächst "Schelte, Schmähung" bedeutete und dann auch – durch sog. Metonymie – den "Scheltdichter" (vgl. E. Wadstein, Arkiv 11, 1895, S. 88f.; K. von See, GRM 45, 1964, S. 11). Diese Art der Metonymie, die das neutrale

Genus des Wortes erklärt, ist uns gerade im Altnordischen gut bezeugt: *vitni*, neutr. "Zeugnis", dann auch "Zeuge", *ǫlmusa*, fem. "Almosen", dann auch "Bettler", aschwed. *skaþi*, mask. "Schade", dann auch "Schädiger" (vgl. Bj. Petterson, Stilstudier i de svenska landskapslagarna, 1959, S. 86ff.). Beispiele skaldischer Schmäh- und Fluchstrophen sollen später noch zur Sprache kommen. Hier mag zunächst der Hinweis genügen, daß das altisländische Gesetzbuch, die *Grágás*, einen eigenen Abschnitt *Vm scaldscap* "Über Dichtkunst" enthält, der verschiedene Formen der Schmäh- und Liebesdichtung unter Strafe stellt (k.238, udg.af V. Finsen, 1852, S. 183ff.). Eine der Bestimmungen lautet: *Scoggang varðar ef maðr yrkir vm mann hálfa víso þa er löstr er í eþa haþung eða lof þat er hann yrkir til haðungar* "Waldgang (d.h. Verbannung) steht darauf, wenn ein Mann über einen anderen eine Halbstrophe dichtet, in der Schmähung oder Hohn ist oder ein Lob, das er zum Hohn dichtet." Speziell behandelt werden *haðung vm konvng dana eða suia eða norðmanna* "Spottdichtung auf den dänischen oder schwedischen oder norwegischen König" und dann besonders der *mansǫngr*, die "Mädchendichtung". Sicherlich wurde nicht alles so heiß gegessen, wie es gerade in diesem Gesetzbuch gekocht wurde, aber der lange Abschnitt zeigt doch, welch große Rolle man der Dichtkunst als einem Mittel der Polemik und Schmähung sowohl im bäuerlichen Alltag wie in der hohen Politik zuzubilligen gewohnt war, mit welch raffinierten Künsten versteckter Doppelsinnigkeit man glaubte rechnen zu müssen – der zitierte Passus über den als Lob kaschierten Hohn erinnert an die Sneglu-Halli-Anekdote –, und schließlich zeigen die speziellen Verfügungen über den *mansǫngr*, daß man darin wohl nicht nur boshafte Ehrabschneiderei, sondern zugleich auch noch magische Praktiken fürchtete. Es ist deshalb nicht verwunderlich, daß die Bezeichnung des "Scheltdichters" zur Bezeichnung des Dichters schlechthin werden konnte.

Ein Blick auf die Runenmagie läßt diesen Vorgang sogar noch verständlicher werden. Jedenfalls zeigen die Beinamen, die sich die Runenmeister in einigen Inschriften zulegen, daß sich auch bei ihnen das magische Können gerade in den gefährlichen, verderbenbringenden Fähigkeiten manifestierte: *ek erilaR sa wilagaR haiteka* "ich, der Eriler (?), heiße der Listenreiche" (Amulett von Lindholm), *Hariuha haitika farawisa, gibu auja* "H. heiße ich, der Verderbenkundige, ich gebe (göttlich beschirmtes?) Glück" (seeländischer Brakteat). Mit der Einschätzung des Skalden wird es ähnlich gewesen sein wie mit der des Runenmeisters. Die "Schelte", die Schmähdichtung, war gewiß nicht das eigentliche Charakteristikum des Skalden, aber sie war doch diejenige Seite seiner Tätigkeit, in der sich sein gefährliches Können am handgreiflichsten offenbarte.

8. SKALDISCHE FÜRSTENPREISDICHTUNG DER WIKINGERZEIT. DER ÄSTHETI-
SCHE REIZ DER DRÓTTKVÆTT-("HOFTON"-)STROPHE UND DIE TRADITION DES
SKALDISCHEN "KUNSTWOLLENS".

Allen Herkunftstheorien zum Trotz: Wer an Skaldendichtung denkt, denkt
zunächst einmal an die Fürstenpreisdichtung der Wikingerzeit, der Zeit vom
Anfang des 9. bis zur Mitte des 11. Jahrhunderts. Die Zahl der erhaltenen
Strophen ist freilich zunächst noch gering: nicht mehr als 140 Strophen im 9.,
dann 600 im 10. und 830 im 11. Jahrhundert, – das ist weniger als ein Drittel
der Gesamtzahl. Aber die größten Skaldennamen gehören dieser Zeit an: Bragi, Þjóðólfr ór Hvíni, Þórbjǫrn hornklofi dem 9. Jahrhundert, Egill Skallagrímsson, Eyvindr skaldaspillir, Kormákr, Gísli, Einarr skálaglamm, Hallfrøðr vandræðaskald dem 10. Jahrhundert, Sigvatr, Þormóðr Kolbrúnarskald,
Arnórr Þórðarson, Þjóðólfr Arnórsson dem 11. Jahrhundert. Die folgende Zeit
kennt nur wenige, die ihnen ebenbürtig sind. Man käme in Verlegenheit, sollte
man neben Einarr Skúlason und dem anonymen *Harmsól*-Dichter aus dem 12.
Jahrhundert, neben Snorri Sturluson aus dem 13. und Eysteinn Ásgrímsson,
dem Verfasser der *Lilja*, aus dem 14. Jahrhundert weitere Namen nennen,
obwohl die Masse des Überlieferten stark und stetig wächst: von 1080 Strophen im 12. auf 1600 im 13. Jahrhundert.

Überblickt man das Überlieferte, so könnte es, wie gesagt, scheinen, als
sei die Skaldendichtung im eigentlichen Sinne Fürstenpreisdichtung, ähnlich
wie die Trobadordichtung im eigentlichen Sinne Minnedichtung ist. Dieser
Eindruck mag noch dadurch verstärkt werden, daß die historisch interessierte
Sagaliteratur des 13./14. Jahrhunderts vornehmlich aus dieser Fürstenpreis-
dichtung zitiert, während Schmähdichtung und Liebesdichtung fast nur in den
Skaldensagas, den Skaldenbiographien, zu Worte kommen. Wieviel hier ver-
lorengegangen ist, läßt allein schon der Beiname ahnen, den der berühmte
Skald Olafs des Heiligen, Þormóðr Bersason, trug: – *Kolbrúnarskáld*
"Schwarzbrauenskald". Er bezieht sich auf Þorbjorg Kolbrún, die Geliebte des
Skalden, aber von den Strophen, die er ihr gewidmet haben soll, ist nicht eine
einzige erhalten, während die insgesamt 40 Strophen, die wir kennen, fast aus-
schließlich von kriegerischen Ereignissen handeln.

Richtig wird an diesem Eindruck immerhin sein, daß erst die Wikin-
gerzüge nach den westlichen Inseln die materiellen Bedingungen für die Existenz einer wohlhabenden Häuptlingsklasse und eines politisch einflußreichen
Königshofes in Norwegen schufen und daß die Existenz einer solchen Häuptlingsklasse und eines solchen Königshofes wiederum eine wesentliche Voraussetzung dafür war, daß sich die Skaldendichtung überhaupt als eigenständi-
ge Gattung etablieren konnte. In dieser Einschränkung läßt sich Ove Mobergs

These akzeptieren, daß in der "Hofpoesie" der Wikingerzeit der Ursprung der Skaldendichtung überhaupt zu suchen sei (APhS 16, 1943, S. 193ff.). Und vielleicht lassen sich auch in diesem "höfischen" Bereich noch Wurzelstränge fassen, die in ältere Schichten zurückführen: in der *erfidrápa*, der "Erbdrapa", der besonderen Form des Preisliedes auf einen Toten, könnten Elemente eines religiös-juristischen Totenrituals weiterleben (Åke Ohlmarks, Arkiv 57, 1944, S. 178ff.), und in den skaldischen "Schildgedichten" wie Bragis *Ragnarsdrápa* könnte die Erinnerung an eine uralte Tradition stecken, deren erstes Zeugnis die Beschreibung des Achillesschildes in der *Ilias* ist (H. Rosenfeld, ZfdPh 61, 1936, S. 232ff.).

Merkwürdig übrigens, daß Trobadorforschung und Skaldenforschung gleichermaßen mit dem Problem beschäftigt sind, die Herkunft der Gattung erklären zu müssen: Wie in den Strophen des ersten Trobadors, Wilhelms IX. von Aquitanien, um 1100 die Trobadordichtung in vollendeter Form dasteht (vgl. Der provenzalische Minnesang, hg.von R. Baehr, 1967, S. 7ff., 175ff.), so bietet sich auch im ältesten Skaldengedicht, in Bragis *Ragnarsdrápa*, die skaldische Kunst zu Beginn des 9. Jahrhunderts sogleich in ihrer kompliziertesten Kenningtechnik dar. Beide Gattungen scheinen keine Vorgeschichte zu haben. Aber genausowenig wie die Beatles die "Erfinder" der Beatle-Frisur sind, sondern nur die prominentesten Träger einer Mode, die zu ihrer Zeit allenthalben "in der Luft lag", genausowenig sind Bragi und Wilhelm IX. die "Erfinder" der Skalden- und Trobadordichtung, sondern nur diejenigen, denen es gelang, verschiedene, zu ihrer Zeit durchaus geläufige Ausdrucksmittel auf repräsentative Weise zu einer neuen Kunstform zusammenzufügen. Ihre Nachfolger sind nicht ihre "Nachahmer", sie schlossen sich vielmehr nur der Mode ihrer Zeit an. Und nur deshalb, weil ihr Kunstbewußtsein so wenig dem heutigen entspricht, ist der heutige Betrachter geneigt, nach bewußter Erfindung zu suchen. Immerhin aber zeigt sich die grundsätzliche Ähnlichkeit beider Dichtungen auch in dieser merkwürdigen Form ihres ersten Auftretens.

Daß die skaldische "Hofkunst" sehr bald schon konventionelle Züge annahm, spricht für ihre Popularität. Das erste überlieferte Gedicht im reinen *dróttkvætt*, im "Gefolgschafts-" oder "Hofton", – die *Glymdrápa* des Þórbjorn hornklofi, ein Preislied auf den norwegischen Reichseiniger Harald Schönhaar, gedichtet am Ende des 9. Jahrhunderts, – führt mit etwas schwerfälligem Pathos bereits die ganze Typenhaftigkeit in Metrum, Syntax und Kenningschmuck vor, die den *dróttkvætt*-Stil, zumindest seine strengen, klassischen Vertreter, jahrhundertelang auszeichnen wird. Ich zitiere die Str.5 des Gedichts (Skj.I, 23):

Háði gramr, þars gnúðu,
geira hregg við seggi
– rauð fnýsti ben blóði –,
bryngǫgl í dyn Skǫglar,
þás á rausn fyr ræsi
(réð egglituðr) seggir
– æfr gall hjǫrr við hlífar –
hnigu fjǫrvanir (sigri).

"Der König entfachte, dort wo rauschten,
den Speersturm gegen die Krieger
– die rote Wunde spie Blut aus –,
die Brünnengänse im Lärm der Skögul,
da am Vordersteven vor dem Fürsten
(es errang der Klingenfärber) die Krieger
– heftig gellte das Schwert gegen die Schilde –
leblos niedersanken (den Sieg)."

Das Gedicht trägt den Namen *Glymdrápa* nicht von ungefähr, denn der *glymr*, der "Kampflärm", der die Laufbahn des Königs lebenslang begleitete, ist sein eigentliches Thema. Zwei Verben der zitierten Strophe, *gnyja* (*gnúðu*) "rauschen" und *gialla* (*gall*) "gellen", sind wohl bewußt darauf bezogen, ebenso die Schlachtkenning *dynr Skǫglar* "Lärm der Walküre Skögul". Die Kenninge sind durchweg zweigliedrig, also einfach gebaut: Zu *dynr Skǫglar* kommt als zweite Schlachtkenning *geira hregg* "der Speere Sturm", *bryngǫgl* "Brünnengänse" sind die Pfeile, und *egglituðr* "Klingenfärber" meint hier selbstverständlich den König Harald. Im übrigen sind die Aussagen der Strophe so typenhaft-allgemein, daß es Mühe kostet, sie einem bestimmten historischen Ereignis zuzuweisen. Der Reiz des Gedichts liegt eben darin, daß es durch alle Strophen hindurch in immer neuen Variationen den Kampf von den Geräuschen her beschreibt und – durch den exakten Gebrauch von Stab- und Binnenreim (halber Binnenreim -áð-/-úð-und voller Binnenreim -egg-/-egg- usw.) – auch selbst vom Klang her wirken will. Die syntaktische Verklammerung der Strophe ist kunstvoll, aber nicht ungewöhnlich: das einigende Band ist das Satzgebilde "Der König entfachte [...] den Speersturm [...], da am Vordersteven [...] die Krieger [...] leblos niedersanken". Es erstreckt sich, bestehend aus Haupt- und Nebensatz, von Z.1 bis Z.8, also über die ganze Strophe hin, wobei der Beginn des Nebensatzes in Z.5 (*þás á rausn [...]*) die Strophe in zwei gleiche Hälften teilt, – eine Zäsur, die nach der Regel stärker sein muß als alle anderen Zäsuren der Strophe. In dieses Satzgebilde sind nun weitere Sätze und

Satzteile eingeschlungen: zunächst ein zweiter Nebensatz, der in Z.1 beginnt und sich in Z.4 fortsetzt, und ein selbständiger Satz in Z.3, in der zweiten Strophenhälfte dann zwei selbständige Sätze, von denen sich der eine auf die Z.6 und 8 verteilt, der andere die Z.7 ausfüllt, also eine Entsprechung zur Parenthese in Z.3 der ersten Strophenhälfte darstellt. Das Arrangement dieser Wortmasse ist um so kunstvoller, als es einen – durch die Sechssilbigkeit der Zeilen – fest eingegrenzten Raum ausfüllen muß. Ich gebe den syntaktischen Aufbau der Strophe in einem Schema wieder, in dem jeder Zeichentyp einen Satz oder Satzteil und jedes einzelne Zeichen eine Silbe vertritt:

```
- - - o o o
- - - - - -
: : : : : :
o o o o o o
- - - - - -
! ! ! ! - -
x x x x x x
- - - - ! !
```

Daß gerade in solchem – zunächst scheinbar verwirrenden – Arrangement der ästhestische Reiz der Strophe liegt, wird auch dem heutigen Hörer noch bewußt, wenn er einen Blick auf die gleichzeitige bildende Kunst wirft, besonders auf die Ornamentik der spätwikingerzeitlichen Runensteine (s. Abb. S. 45): Wie auf dem Runenstein der dicke Leib des großen Drachen, der die Inschrift trägt, mit den dünneren Leibern kleiner Drachen zu einem raumfüllenden Ornament verschlungen ist, so ist hier das größere, die Strophe verklammernde Satzgebilde mit den kleineren Sätzen und Satzteilen verschlungen. Die vorgeschriebene Bauform der Strophe wirkt dabei wie eine Fassung, in die das Ornament eingepaßt ist.

Diese Form der Skaldenstrophe scheint nun – der Blick auf die Runensteinornamentik bestätigt es – so sehr dem "Kunstwollen" der mittelalterlichen Skandinavier entsprochen zu haben, daß sich ohne Mühe eine Strophe zitieren läßt, die nahezu drei Jahrhunderte jünger ist und doch in ihrer metrischen und syntaktischen Struktur, in ihrem Reimschmuck und in der Wahl ihrer Metaphern so sehr der Glymdrápa-Strophe gleicht, daß man beide für austauschbar halten möchte. Ich wähle als Beispiel Str. 6 aus dem schon erwähnten *Geisli* des Einarr Skúlason, einem Preislied auf den heiligen Olaf, in den 1150er Jahren aus Anlaß der Errichtung des Erzbistums Nidaros gedichtet (Skj.I, 460):

Veitti dýrðar dróttinn
dáðvandr giafar anda
– mǫl sanna þau – mǫnnum
máttigs - framir váttar.
Þaðan reis upp, sús einum,
alþýð, goði hlýðir,
– hæstr skjǫldungr býðr hǫlðum
himins vistar til – kristni.

"Es schenkte der Fürst der Herrlichkeit (Gott),
der tatbewußte, Gaben des Geistes
– diese Worte bestätigen – den Menschen
des mächtigen – berühmte Zeugen.
Daraus entstand, die dem einen,
die allgemeine, dem Gott huldigt,
– der höchste König entbietet die Menschen
zum Aufenthalt im Himmel – Christenheit."

Die Satzverschlingung ist etwas weniger kompliziert als in der *Glymdrápa*-Strophe: Der eingeschobene Satz in der ersten Strophenhälfte verteilt sich auf Z.3 und 4 ("berühmte Zeugen [Märtyrer] bestätigen diese Worte") – die Vorliebe der Skalden für gespaltene Zeilen, für eine Art "Hakenstil", macht sich hier bemerkbar! –; die Worte *giafar anda máttigs* ("Gaben des mächtigen Geistes [des 'heiligen Geistes']") werden dadurch auseinandergerissen, verbinden sich aber beim Hörer mühelos miteinander, da nach *anda* noch eine ebenfalls genitivische Ergänzung zu erwarten ist. Die zweite Strophenhälfte wird durch einen selbständigen Satz ausgefüllt, der aber – und das ist wichtig – inhaltlich unmittelbar an das Vorhergehende anschließt (*Þaðan [...]* "Daraus entstand die allgemeine Christenheit"), und in diesen Satz ist zunächst ein Relativsatz eingeschoben ("die dem einen Gott huldigt"), dann ein selbständiger Satz, der sich über anderthalb Zeilen (7 und 8) erstreckt. In der zweiten Strophenhälfte haben also drei der vier Zeilen eine Zäsur.

Eine wesentliche Voraussetzung für diese erstaunlichen formalen Entsprechungen von *Glymdrápa*- und *Geisli*-Strophe ist sicherlich der Konservativismus der sprachgeschichtlichen Entwicklung: Das Altnordische steht – nach einem sehr raschen und durchgreifenden Umbildungsprozeß während des 6.-8. Jahrhunderts – zu Beginn der Wikingerzeit in der Form da, die es bis ins Spätmittelalter hinein beibehalten wird: Die Silbenquantität und der Silbenbestand der Wörter werden nicht mehr verändert – abgesehen von der Dehnung dunkler Vokale vor l-Verbindungen im 12. Jahrhundert (*skald > skáld*) und der Bildung eines Sproßvokals vor r seit 1300 (*Baldr* > *Baldur*) –, und somit werden auch die silbenzählenden Versmaße der Skalden jahrhundertelang nicht angetastet (K. von See, ESSK, S. 17ff).

Das ist zunächst einmal wichtig für den S t r o p h e n bau, denn es bleiben, da der Verfall der schwachbetonten Silben schon vor der Wikingerzeit abgeschlossen war, die Flexionsendungen unbehelligt, so daß trotz der Satzverschlingungen die syntaktische Zuordnung der Wörter sichergestellt bleibt: Die Zugehörigkeit des Genitivs *máttigs* (Einarr Z. 4) zum Genitiv *anda* (Z. 2) und die Zugehörigkeit des Dativs *einum* (Einarr Z. 5) zum Dativ *goði* (Z. 6) ist ohne weiteres erkennbar.

Nicht minder wichtig ist der sprachliche Konservativismus für den V e r s bau, die Verteilung der Tongewichte innerhalb der Verszeile. Es genügt schon, einige der bedeutendsten – erst in der neueren Forschung nach und nach aufgedeckten – Regeln vorzuführen, um zu zeigen, mit welcher außerordentlichen Feinfühligkeit die Skalden das Betonungsgefüge des Verses zu behandeln pflegen (W.A. Craigie, Arkiv 16, 1900, S. 341ff., H. Kuhn, Kl. Schriften, 1.Bd., 1969, S. 421ff.). In den nahezu drei Jahrhunderten von Þórbjǫrn bis zu Einarr Skúlason hat sich daran wenig geändert. Das strenge Festhalten an der Kadenz "betonte lange Silbe + kurze Silbe" ist unter diesen Regeln die auffälligste. Auch im Versanfang ist diese Silbenfolge häufig, und nur die Versmitte kann leichter gefüllt sein, also "betonte kurze Silbe + kurze Silbe": *giafar, framir, goði* (Einarr Z. 2,4,6). Nach zwei langen Silben im Versanfang müssen sogar zwei kurze Silben folgen, daher zwar *Veitti dýrðar [...]* ("lang-kurz + lang-kurz", Einarr Z.1), aber *dáðvandr giafar [...]* ("lang-lang + kurz-kurz", Z.2). Erscheint dagegen der Typ "kurz-kurz" im Versanfang, wird er als e i n Versglied gewertet. Diese sog."Auflösung" des Versgliedes in zwei Silben hat zur Folge, daß sich die Verszeile um eine Silbe vermehrt, also *himins vistar til kristni* (Einarr Z.8, vgl. Þórbjǫrn Z.8). Daß die Ausgewogenheit im Betonungsgefüge der Verszeile nicht nur eine Sache der Silbenquantität, sondern auch des Wortgewichts ist, zeigt die Behandlung des vierten Versgliedes: Seine Stellung unmittelbar vor dem Tongipfel der Kadenz verlangt eine möglichst schwache Betonung. Daher ist, sobald hier einsilbige Wörter auftreten, beim N o m e n Kurzsilbigkeit gefordert, beim – weniger gewichtigen – V e r b dagegen Langsilbigkeit zulässig, also: *ben blóði* (Þórbjǫrn Z.3) und *dyn Skǫglar* (Z.4), aber *býðr hǫlðum* (Einarr Z.7). Nur deshalb, weil die skaldische Kunsttradition von sprachlichen Neuerungen kaum gestört wird, können für Einarr Skúlason noch immer dieselben detaillierten Versregeln gelten, die einst schon für Þórbjǫrn galten.

Uppländische Runeninschrift aus dem frühen 11. Jahrhundert: Vaksala kyrka
(Nr. U 961. Sveriges runinskrifter 9, Upplands runinskrifter IV, Text. S. 93)

Mindestens ebenso frappierend wie die Übereinstimmungen in Metrik und Bauform beider Strophen sind nun aber – bei aller Abweichung im Thematischen – die Übereinstimmungen in der Art und Weise der Darstellung. Begreiflich daher die emphatischen Worte, mit denen Bernhard Kahle – in einem 1901 geschriebenen Aufsatz über "Das Christentum in der altwestnordischen Dichtung" – die Szene unserer *Geisli*-Strophe beschreibt: "Wir sehen hier in plastischer, schöner Darstellung, wie Christus, der Könige bester, auf dem Hochsitz in der Halle sitzt, um ihn das Gefolge, das sich ehrfurchtsvoll verneigt; und wie ein 'milder', d.h. freigebiger, König goldne Ringe und Armspangen aus seinem Hort an die Getreuen verteilt, so spendet er die Gaben des Heiligen Geistes allen Menschen, die ihm folgen wollen. Wahrlich, ein schönes ansprechendes Bild der glänzenden Hofhaltung eines norwegischen, überhaupt eines altgermanischen Königs!" (Arkiv 17, S. 30). Was Kahle hier als germanische Kontinuität beschreibt, ist allerdings wohl eher eine gattungs- und stilgeschichtliche Kontinuität: Skaldische Fürstenpreisdichtung ist während der Wikingerzeit so sehr zum festgeprägten Formkonzept geworden, daß auch die christliche Dichtung des Nordens seit dem 11. Jahrhundert vornehmlich skaldische Preisdichtung ist: Gottes-, Marien- oder Heiligenpreis. Dem enkomiastischen Stil kam entgegen, daß auch der christlichen Mission – aus rein religiösen Gründen, die mit germanischem Ethos nichts zu tun haben, – an der Herausstellung von Macht und Tatkraft der neuen Glaubensrepräsentanten, des Christengottes und seiner Heiligen, gelegen war. Ein altes Fürstenepitheton wie *skjǫldungr* (Z.7) konnte daher problemlos auf Gott oder Christus übertragen werden. Auch Adjektive wie *dáðvandr* (Z.2) und *máttigr* (Z.4) entsprechen altem skaldischen Stil, obwohl diese Wörter selbst erst in christlicher Zeit gebräuchlich werden.

Wie sehr der Stil der Preisdichtung alle skaldische Produktion überwuchert, gibt sich auch daran zu erkennen, daß die Metaphorik der Liebes- und Schmähdichtung häufig in parodierender Weise auf die Metaphorik der Preisdichtung bezogen ist. So nennt Hallfrøðr einen Mann, der ihn hindern will, das Verhältnis zu seiner Geliebten fortzusetzen, einen *troga søkkvir* "einen, der Schweinetröge (zum Reinigen ins Wasser) senkt" (Skj.I, 166), womit er den geläufigen Fürstenkenningtyp *seima søkkvir* "Versenker, Vernichter des Schmuckes = freigebiger Mann" abwandelt (Skj.I, 172). An anderer Stelle beschimpft er einen Nebenbuhler als *orfa stríðir* "Sensenabnutzer" (Skj.I, 170) und spielt damit auf den Kriegerkenningtyp *malma stríðir* "Waffenabnutzer" an. Kormákr bildet die Kenning *frenju fǿðir* "Kuhfütterer" (Skj.I, 82), eine Parodie des Kriegerkenningtyps *vargfǿðir* "Wolfsfütterer". Erstaunlich, daß in einem bäuerlichen Volk wie den Isländern das Bewußtsein von Exklusivität, das in der wikingerzeitlichen Kriegergesellschaft geherrscht haben mag, gelegentlich als Verachtung bäuerlicher Arbeit in Erscheinung treten kann, denn ihren bösartigen Witz beziehen diese Kenninge allein aus der Voraussetzung, daß den Hörern die zugrundeliegenden Kenningtypen bewußt waren.

9. DIE SOZIALE UND POLITISCHE ROLLE DES SKALDEN. DER MYTHOS VOM SKALDENMET. DAS KÜNSTLERISCHE TEMPERAMENT DES SKALDEN UND SEINE STILISIERUNG IN DEN SKALDENSAGAS.

Was schon die Zeitgenossen vom deutschen Minnesang sagten – *swer getragener kleider gert, der ist nicht minnesanges wert* –, das gilt im großen und ganzen wohl auch von der Skaldendichtung. Charakteristisch ist aber doch eher, daß die Skaldendichtung weniger ständisch begrenzt war als ihre kontinentalen Pendants: Mancher isländische Bauer wird sie beherrscht haben, und zugleich gab es nicht wenige Jarle und Könige, die sich etwas darauf zugute hielten, sie nicht nur zu verstehen, sondern sich selbst darin zu betätigen. Der bekannteste unter ihnen ist König Haraldr harðrádi, der sich noch unmittelbar vor seiner letzten Schlacht bemühte, eine formvollendete Skaldenstrophe zu dichten. Derselbe Haraldr, ein Halbbruder Olafs des Heiligen, hatte schon 1030 an der berühmten Schlacht von Stiklastaðir teilgenommen, und eine der "Skaldensagas", die *Fóstbrœðra saga*, behauptet, er habe dort dem sterbenden Skalden Þormóðr geholfen, die letzte Zeile seiner letzten Strophe zu vollenden: "[...] Haraldr Sigurðarson ergänzte die Strophe, die Þormóðr gesprochen hatte; er setzte hinzu: *svíða*. So hatte er [Þormóðr] sprechen wollen: *Dags hríðar spor svíða*" (ed. Bj.K. Þorolfsson, S. 216). Einen glanzvolleren Tod kann ein Dichter schlechterdings nicht sterben. Aber die Ergänzung der Zeile war – geradeheraus gesagt – nicht allzu schwierig: Es gab ja kaum ein Wort, bestehend aus langer betonter und kurzer Silbe und dazu mit dem Silbenreim - *íð*-, das außer *svíða* in Frage kam, und so illustriert die kleine Anekdote nebenbei, wie sehr die Formgebundenheit der Skaldendichtung ihren Wortlaut festlegte und damit zugleich das "Zersingen" hinderte.

Interessant ist die Þormóðr-Anekdote auch dann, wenn man sie für eine nachträgliche Idealisierung hält. Ohnehin ist uns skaldisches Selbstbewußtsein von früh an bezeugt. Die Skalden schufen sich sogar einen eigentümlich skaldischen Mythos, den Mythos von einem Rauschgetränk, einem Met, den sie in ihren Kenningen auf variantenreiche Weise immer wieder mit der Skaldenkunst gleichsetzen. Odin soll diesen Skaldenmet den Riesen gestohlen haben, indem er ihn verschluckte und dann – als Adler entfliehend – in Asgard, im Götterheim, wieder ausspie. Snorri, der sich eine Renaissance der klassischen Dichtkunst wünschte, fügt dem komplizierten, stationenreichen Mythos noch

ein sinniges Detail hinzu: Odin habe während seiner Flucht einigen Met nach
hinten fahren lassen, und das sei der *skáldfífla hlutr*, der "Anteil für die Skal-
dentölpel", die schlechten Dichter (Snorra Edda, S. 73). Ansonsten wird die
eigentliche Funktion dieses Mets nicht recht deutlich – von seiner Weitergabe,
von göttlichen "Dichterweihen" hören wir nichts –, und es scheint, daß die
Skalden hier einen Mythos übernahmen, der sich ursprünglich auf etwas anderes bezog: auf einen Trunk, der – wie Nektar und Ambrosia – den Göttern das
unsterbliche Leben sicherte (ESSk 1981, S. 348ff.). Aber schon Egill Skallagrímsson – in der Mitte des 10. Jahrhunderts – versteht es, ihn auf raffiniert-
skurrile Weise zu verwerten: Als er erklären will, daß ihm aus Kummer über
den Tod seines Sohnes das Dichten schwerfalle, vergleicht er den eigenen
dichterischen Schöpfungsakt mit der mythischen Szene, in der Odin den ver-
schluckten Met aus seiner Brust hervorzieht und ausspeit (Sonartorrek Str.1,
Skj.I, 40):

Mjǫk erum tregt	"Es wird mir schwer
tungu at hrœra,	die Zunge zu rühren,
með loptvætt	mit dem Luftgewicht
ljóðpundara;	die Liedwaage (die Zunge);
era nú vanligt	es steht schlecht
um Viðurs þýfi,	um Vidurs (Odins) Diebsgut,
né hógdrægt	nicht leicht ist es zu ziehen
ór hugar fylgsni.	aus dem Versteck des Gemüts (der Brust)."

Odin ist der Gott der Skalden, und Bragi, der erste Skald, scheint – wenn man
der eddischen *Lokasenna* glauben darf – sogar unter die Götter versetzt worden zu sein. Aber der Skald gewann sein Ansehen nicht eigentlich aus solchen
mythischen Bezügen, er war weder – wie Horaz – ein *musarum sacerdos*,
noch war er – wie Walther von der Vogelweide – ein *frônebote*. Seine soziale
Rolle verdankt der Skald vielmehr der politischen Bedeutung, die seiner Preis-
und gelegentlich wohl auch seiner Schmähdichtung in den unruhigen Verhält-
nissen der Wikingerzeit zufiel. Die Sagas liefern uns jedenfalls viele Anekdoten, die zeigen, daß ein Fürst, der an der Festigung seiner öffentlichen Stellung
interessiert war, eines Skalden nicht minder bedurfte als der Skald eines frei-
gebigen Fürsten. Das *Skáldatal*, ein Skaldenverzeichnis des 13. Jahrhunderts,
ordnet die Skalden nach den Fürsten, die sie besungen haben!
    Snorri erzählt in der *Heimskringla* (Ól.helg. k.43), der junge Sigvatr
habe, von Island kommend, den Hof des Norwegerkönigs Olaf (des späteren
Heiligen) aufgesucht und den König aufgefordert, einem Preislied zu lauschen,
das er auf ihn gedichtet habe. Als der König sich weigerte, bekräftigte Sigvatr

seine Forderung mit einer Strophe (Skj.I, 265):

Hlýð mínum brag, meiðir
myrkblás, því kank yrkja,
alltíginn – mátt eiga
eitt skald! – drasils tjalda,
þótto ǫllungis allra,
allvaldr, lofi skalda
– þér fæk hróðrs at hvǫru
hlít – annarra nítið.

"Lausche meinem Gedicht, Vernichter
des dunkelschwarzen, denn ich kann dichten,
vornehmer, – du mußt
einen Skalden haben! – Zeltpferdes,
obwohl Ihr ganz und gar,
Allwalter, das Lob aller Skalden
– dir verschaffe ich genug des Ruhms,
magst du wollen oder nicht –, der anderen, verschmäht."

Deutlicher konnte der junge Skald sein Selbstbewußtsein nicht ausdrücken: *mátt eiga eitt skald!* Die Strophe bestätigt, was der begleitende Prosatext sagt: daß der christliche König Olaf das Lob der Skalden zunächst verschmäht habe, offenbar deshalb, weil sich christliche Demut nicht mit skaldischem Preis zu vertragen schien. Aber Olaf ließ sich umstimmen. Die Strophe ist, wie es sich bei solchem Anspruch gehört, formvollendet gebaut: Der Satz "Lausche meinem Gedicht, obwohl du das Lob aller anderen Skalden verschmähst" erstreckt sich über die ganze Strophe von der ersten bis zur letzten Zeile, wobei der Beginn des Nebensatzes (*þótt* "obwohl") die Zäsur zwischen erster und zweiter Strophenhälfte schafft. Eingeschlungen in dieses Satzgebilde sind in der ersten Hälfte neben der Anrede ein Nebensatz (Z. 2) und ein selbständiger Satz (Z. 3/4) und in der zweiten Hälfte neben einer weiteren Anrede ein selbständiger Satz (Z. 7/8). Die erste Anrede, die prachtvolle Fürstenkenning *alltíginn meiðir myrkblás drasils tjalda* "vornehmer Vernichter des dunkelschwarzen Zeltpferdes", verteilt sich über alle vier Zeilen der ersten Hälfte, so daß die Strophe zu einem guten Beispiel für den skaldischen "Zäsurstil" wird (die Silben der Fürstenkenning sind durch ein o bezeichnet):

```
- - - - o o
o o x x x x
o o o ! ! !
! ! o o o o
```

Übrigens charakterisiert die Kenning den König, der hier noch am Anfang seiner Herrschaft steht, vielleicht nicht ohne Absicht als einen seefahrenden Wikingerhäuptling und nicht eigentlich als Landesfürsten. *Drasill tjalda* "Pferd der Zelte" heißt das Schiff, weil – wenn es vor Anker lag – Zelte auf dem Deck aufgeschlagen wurden, denn die Wikingerschiffe hatten, da im allgemeinen nur am Tage gesegelt wurde, noch keine Kajüten. Das Adjektiv *myrkblár* bezieht sich darauf, daß die Schiffe geteert waren, unterstützt also die "rücklenkende" Funktion des Genitivattributs (vgl. Hj. Falk, Altnordisches Seewesen, in: Wörter und Sachen 4, 1912, S. 1-122, bes. S. 10ff.).

Wie sehr der Fürst darauf bedacht war, seinen Ruhm auf rechte Weise durch die Skalden gemehrt zu sehen, zeigt die Anekdote vom Auftritt des Þórarinn loftunga ("Lobzunge") vor dem Dänenkönig Knut dem Großen (Anfang des 11. Jahrhunderts). Sie gibt zugleich Gelegenheit, das Wort *drápa*, den Terminus für das große, kunstvoll gegliederte skaldische Preisgedicht, und den Unterschied gegenüber dem sog. *flokkr* ("Haufen"), der einfachen Aneinanderreihung von Strophen, zu erklären. Die *Heimskringla* (Ól.helg. k.172) erzählt, daß König Knut, als er erfuhr, daß Þórarinn einen *flokkr* auf ihn gedichtet habe, zornig geworden sei und gedroht habe, er werde den Skalden hängen lassen, falls er nicht innerhalb eines Tages eine *drápa* dichte:

> *[...] Þórarinn orti þá stef ok setti í kvæðit ok jók nǫkkurum ørendum eða vísum; þettta er stefit:*
> > *Knútr verr grund sem gœtir*
> > *Gríklands himinríki.*

"Þórarinn machte da ein Stef (einen Refrain) und setzte es ins Gedicht und fügte einige Verse und Strophen hinzu; das ist das Stef:
> "Knut wehrt das Land wie der Beschützer
> Griechenlands (Christus) das Himmelreich!"

Die Geschichte deutet an, daß sich der Terminus *drápa* nicht etwa auf den Inhalt des Gedichts bezieht, wie Finnur Jónsson meinte, der es von *dráp* "Totschlag" ableitete, sondern auf das äußere Arrangement: das Verb *drepa* "treffen, schlagen" kann gelegentlich so viel wie "einschießen, hineinstecken" bedeuten, und eine *drápa* ist also, wie Sigurður Nordal (Acta phil. scand. 6,

1931/32, S. 144ff.) zeigte, ein *kvæði drepit stefjum*, ein "Lied mit eingeschossenen Refrains", symmetrisch gegliedert in eine Einleitung (*upphaf*), ein längeres, durch die mehrfache Einfügung des *stef* (oder verschiedener *stef*) begrenztes und unterteiltes Mittelstück (*stefjabálkr*) und einen Schluß (*slæmr*). Þórarinn tut nichts weiter, als daß er in den *flokkr* ein *stef* setzt und – offenbar um die Länge der einzelnen Teile des Gedichts aufeinander abzustimmen – noch einige Strophen hinzudichtet. Obwohl es fraglich ist, daß Þórarins Erlebnis den historischen Tatsachen entspricht, da die Geschichte von der "Haupteslösung" ein gängiges literarisches Motiv ist, demonstriert es uns doch, ein wie starkes Interesse an der künstlerischen Form des Gedichts beim Publikum vorausgesetzt werden konnte.

Nicht selten allerdings geriet der Skald – sozusagen als Mann eines öffentlichen Interesses und unmittelbar beteiligt an den politischen Ereignissen – in ähnlich gefährlich-heikle Situationen wie Þórarinn. Von Einarr skálaglamm wird erzählt, daß er dem Jarl Hákon vor der Schlacht mit den Jómswikingern (986) sein Gedicht *Vellekla* habe vortragen wollen, daß der Jarl es aber nicht habe hören wollen und sich erst dazu bereit gefunden habe, als der Skald drohte, zum Gegner überzugehen (Skj.I, 132):

> *Drepr eigi sá sveigir*
> *sárlinns, es gram finnum,*
> *– rǫnd berum út á andra*
> *Endils – við mér hendi.*

" D i e s e r Schwinger der Wundenschlange (*sá sveigir sárlinns*, d.h. "des Schwertes") wird mich nicht von sich stoßen, wenn ich den Fürsten [ihn] aufsuche, – ich werde meinen Schild auf die Schneeschuhe Endils (des Seekönigs E. = die Schiffe, hier: die Schiffe des Gegners) hinaustragen."

Noch imponierender als Beispiel für die aufrechte, selbstbewußte Haltung eines Skalden ist die Strophe, die Bersi Skaldtorfuson sprach, als er zum König Olaf (dem späteren Heiligen) kam. Bersi war als Parteigänger des Jarls Sveinn Hákonarson, also des Sohnes des obengenannten Jarls Hákon, bekannt, und Olaf war dessen alter Gegner (Skj.I, 276):

> *Krypk eigi svá, sveigir*
> *sára linns, í ári*
> *– búum ólítinn Áta*
> *ǫndur þér til handa –,*

at, herstefnir, hafnak,
heiðmildr, eða þá leiðumk
– ungr kunnak þar þrøngvi
þinn – hollvini mína.

"Ich krieche nicht so, Schwinger
der Wundenschlange, sogleich
– ich rüste einen nicht kleinen
Schneeschuh Atis (ein Schiff) für dich aus –,
daß ich, Heerführer, verstoße,
gabenmilder, oder vernachlässige
– schon als junger Mann kannte ich deinen
Bedränger – meine liebsten Freunde."

Dem aufmerksamen Leser wird auffallen, daß die erste Hälfte der Strophe eine
Art Kontrafaktur der vorhin zitierten Verse Einars ist (*sveigir sárlinns / sveigir
sára linns, Endils ǫndurr / Átao ndurr, við mér hendi / þér til handa* usw.).
Solche Beispiele zeigen, wie groß die Rolle der Tradition in der skaldischen
Kunstübung, die präsente Kenntnis der älteren Dichtung gewesen zu sein
scheint, und zwar nicht nur bei den Skalden selbst, sondern auch beim Publikum, denn Bersi wird beim König vorausgesetzt haben können, daß er den
demonstrativen Kunstgriff durchschaute, wie mit fast denselben Worten das
Gegenteil von dem gesagt wurde, was Einarr gemeint hatte: es sei eben nicht
seine Art, wollte Bersi dem König sagen, die Fronten um seines Vorteils willen zu wechseln.

Von solchen Frontwechseln hören wir freilich häufig. Die Unruhe, die
Freizügigkeit gehört zur Existenzform des Skalden. Die ersten Skalden, von
denen wir wissen, sind norwegischer Herkunft – so etwa Bragi oder Þórbjǫrn
hornklofi, der Skald König Harald Schönhaars –, aber schon bald nach der
Landnahme Islands in den Jahrzehnten um 900 sind die Skalden fast ausschließlich Isländer. Mit den westnorwegischen Abwanderern scheint auch die
Skaldenkunst aus Norwegen abgewandert zu sein. Aber das heißt nun beileibe
nicht, die Skaldendichtung sei allein auf Island gepflegt worden. Vielmehr
sind isländische Skalden während der Wikingerzeit an allen nordeuropäischen
Höfen zu finden, auf den englischen Inseln ebenso wie in Schweden. Das un-
stete Umherziehen, der Aufenthalt an fremden Fürstenhöfen wird schon während der Völkerwanderungszeit typisch für den germanischen Skop gewesen
sein, – die weite Verbreitung der Heldendichtung von den Schwarzmeergoten
bis nach England und Island wäre sonst kaum erklärlich. Ein altenglisches
Gedicht, in dem ein Dichter, der den bezeichnenden Namen *Wîdsîð* "Weit-

fahrt" trägt, von sich selbst erzählt und dabei alle Stämme, Fürsten und Helden aufzählt, die er besuchte, bestätigt uns dies ausdrücklich, und es zeigt sich dabei zugleich auch die besondere Eignung des Dichters für diplomatische Missionen: der Widsi" begleitet König Ermenrichs Braut an dessen Hof (vgl. K.von See, ESSk 1981, S. 283ff.). Vom Skalden Sigvatr hören wir, daß König Olaf ihn 1090 als politischen Vermittler und Brautwerber nach Schweden, an den Hof des Jarls Rögnvald, schickte. Bezeichnend ist, was den König bewogen haben mag, gerade Sigvatr zu schicken: der Umstand nämlich, daß Sigvats Neffe, der Skald Óttarr svarti, sich längere Zeit am schwedischen Königshof aufgehalten hatte und durch seine Kenntnisse der schwedischen Verhältnisse behilflich sein konnte (H.Patzig, Sigvats Ostfahrt, in: ZfdA 67, 1930, S. 87-96). Von dieser delikaten Mission gibt Sigvatr in seinen *Austrfararvísur* ("Ostfahrtstrophen") eine anschauliche, humorvolle Schilderung (Skj.I, 233).

Bei aller Freizügigkeit der Skalden gibt es auch viele Zeugnisse für ein langdauerndes persönliches Verhältnis zwischen König und Skald. Eyvindr skáldaspillir beteuert in einer Strophe – angeblich an den Norwegerkönig Harald Graumantel gerichtet, also in den 960er Jahren entstanden – seine Abneigung gegen häufigen Frontwechsel (Skj.I, 73f.):

> *Einn dróttin hefk áttan,*
> *jǫfurr dýrr, an þik fyrra*
> *.– bellir, bragningr, elli–,*
> *biðkat mér ens þriðja.*
> *Trúr vask tyggja dýrum,*
> *tveim skjǫldum lékk aldri.*
> *Fyllik flokk þinn, stillir,*
> *fellr á hendr mér elli.*

"Einen Herrn hab' ich gehabt,
teurer Fürst, früher als dich
– es bedrückt mich, Herr, das Alter –,
ich erbitte mir keinen dritten.
Treu war ich dem teuren Fürsten,
mit zwei Schilden spielte ich niemals.
Ich fülle deinen Heerhaufen, König,
(aber) das Alter fällt mir zur Last."

Die Strophe, aus der noch die Anhänglichkeit gegenüber dem toten König Hákon um góði spricht, ist – vielleicht ihrem inhaltlichen Tenor entsprechend – von ungewöhnlicher Schlichtheit: Der Satzbau ist dem Versbau angepaßt, und die Kenninge fehlen völlig, aber die Regeln des Stab- und Binnenreims sind trotzdem exakt befolgt (abgesehen von Z.3, in der voller Binnenreim statt des halben erscheint).

Ein noch eindrucksvolleres Zeugnis für die treue Anhänglichkeit eines Skalden sind die Strophen, die Sigvatr gedichtet haben soll, als er bei der Rückkehr von einer – wohl auch diplomatischen Zwecken dienenden – Pilgerreise nach Rom 1030 den Tod seines Königs Olaf (des Heiligen) erfuhr (Skj.I, 273):

> *Hǫ́ þóttu mér hlæja*
> *hǫll um Nóreg allan*
> *– fyrr vask kendr á knǫrrum –*
> *klif, meðan Óláfr lifði.*
> *Nú þykki mér miklu*
> *– mitt stríð er svá - hlíðir*
> *– jǫfurs hylli varðk alla -*
> *óblíðari síðan.*

"Die hohen schienen mir zu lachen,
die steilen in ganz Norwegen
– früher ward ich viel gesehen auf den Schiffen [des Königs] –
die Klippen, solange Olaf lebte.
Nun scheinen mir um vieles
– so ist mein Schmerz - die Berghänge
– ich verlor (durch den Tod) des Fürsten ganze Huld –
unfreundlicher seitdem."

Die heimatliche Natur erscheint hier als Spiegelbild des menschlichen Inneren, – eine Art subjektiven Naturgefühls, die im Mittelalter noch sehr selten ist: Das Aufragende – die *hǫ́, hǫll klif,* die "hohen, steilen Klippen" – wird der Freude zu Lebzeiten des Königs assoziiert und ihr auch durch den Reim zugeordnet (Stab- und Binnenreim: *hǫ́ - hlæja*), das sich Neigende – die *hlíðir,* die "Berghänge" – dagegen dem Schmerz nach dessen Tod (Binnenreim: *hlíðir - stríð / óblíðari - síðan*).

Solche persönliche Bindungen mögen es den Skalden erlaubt haben, gelegentlich ein unverblümtes Wort gegenüber den Mächtigen zu sprechen. *Bersǫglisvísur* "Strophen der offenen Rede" nannte man ein Gedicht, das Sigvatr dem jungen König Magnus – seinem Patenkind! – vortrug (Skj.I, 251ff.). Es war sozusagen ein "Fürstenspiegel" in Strophen, und Snorri, der es in seiner *Heimskringla* zitiert, glaubte behaupten zu dürfen: *Eptir þessa áminning skipaðisk konungr vel* "Nach dieser Ermahnung wandelte sich der König zum Guten" (Magn.góð. k.16). Mitunter aber mag der Skald im fürstlichen Haushalt kaum mehr als ein *bekkskautuðr*, ein "Bankzierer", gewesen sein: – mit diesem häßlichen Wort benennt Loki in der eddischen *Lokasenna* den Gott Bragi, der sicherlich identisch sein soll mit dem ersten Skalden Bragi (Str.15). Ein solcher "Bankzierer", der auf der Hallenbank ein vorlautes Wort führt, war vielleicht der schon erwähnte Sneglu-Halli, der von seinem Herrn, dem König Haraldr harðráði, eines Tages die delikate Aufforderung erhalten haben soll, ein *tvíræðisorð*, etwas "Zweideutiges", über die Königin zu dichten. Der Skald war nicht faul und dichtete sogleich den Vierzeiler (Flateyjarbók 3, 1868, S. 427f., Skj.I, 390):

> *Þú'st makligust miklu*
> *– munar stórum þat –, Þóra,*
> *flenna upp at enni*
> *allt leðr Haralds reðri.*

> "Du bist weitaus am besten geeignet
> – das zeichnet dich besonders aus –, Þóra,
> aufzukrempeln an der Spitze
> die ganze Haut an Haralds Glied."

Zumindest über die künstlerische Form dieser Strophe hätte sich die Königin kaum beschweren können, – allenfalls wäre der volle Binnenreim statt eines halben in Zeile 3 leicht zu rügen gewesen, eine gerade in dieser Position öfter beanspruchte Lizenz (so in Eyvinds ebenzitierter Strophe, S. 53).

Bei derben Späßen werden die Skalden auch sonst ihren Mann gestanden haben, und ebenso wird es bei den Rivalitäten der Skalden untereinander nicht immer sehr fein zugegangen sein. Mit maliziösem Spott fragt Þormóðr Kolbrúnarskald unmittelbar vor der Schlacht von Stiklastaðir den König Olaf, als sie angesichts der feindlichen Übermacht den sicheren Tod vor Augen haben, wann er denn seine anderen Skalden erwarte. Gemeint kann hier allein Sigvatr sein, der sich – wie gesagt – zu dieser Zeit, 1030, auf einer Pilgerreise nach Rom befand (Heimskr. Ól.helg. k.208, Skj.I, 286f.):

> *Þér munk eðr, unzo ǫðrum,*
> *alllvaldr, náir skǫldum,*
> *– nær vættir þú þeira? –*
> *þingdjarfr, fyr kné hvarfa.*

Braut komumk vér, þótt veitim
valtafn frekum hrafni,
– víksk eigi þat - vága
viggruðr, eða hér liggjum.

"Ich werde noch, bis du die anderen,
Allwalter, Skalden bei dir hast,
– wann erwartest du sie? –
redekühner, in deiner Nähe bleiben.
Wir werden entkommen, obwohl wir geben
Walstattopfer dem gierigen Raben,
– das ist sicher – Meerrosses
Baum [Seekrieger], oder hier erschlagen liegen."

In grotesker Weise haben spätere Sagas des 13./14. Jahrhunderts diesen Berufsneid der Skalden in ihren Erzählungen ausgesponnen, so etwa die *Gunnlaugs saga* (k.11) in der Geschichte von dem Zusammentreffen der beiden isländischen Skalden Gunnlaug und Hrafn am schwedischen Königshof, in der beide darüber streiten, wer als erster sein Gedicht dem König vortragen dürfe.

Ob diese Saga-Anekdoten dem tatsächlichen Bild der Skalden so ganz entsprechen, ist zweifelhaft. Auf jeden Fall sind sie ein Zeugnis für das starke Interesse, das man für Leben und Charakter der Dichter empfand, und vor allem die Skaldensagas – die *Kormáks saga*, die *Hallfrøðar saga*, die *Gunnlaugs saga*, die *Bjarnar saga hítdœlakappa* – sind auch als literarische Gattung beachtenswert, denn sie stehen in Parallele zu den provenzalischen Trobadorbiographien und zu den mittelhochdeutschen Dichtersagen, der *Möringer-, Tannhäuser-, Brembergerballade*, der Selbstbiographie Ulrichs von Lichtenstein usw. Auffällig ist dabei, daß ein Charakterzug mehreren der Skalden zugeschrieben wird, der in den zitierten Strophen dieser Skalden gerade keine rechte Stütze findet: die Unbeständigkeit gegenüber der Geliebten. Sie scheuen es, sich zu binden: Hallfrøðr liebt die Kolfinna, ohne sich zur Heirat entschließen zu können; Kormákr liebt die Steingerðr, aber er läßt den verabredeten Hochzeitstermin vorübergehen; auch Bjǫrn hítdœlakappi ist an der rechtzeitigen Rückkehr verhindert, so daß ein anderer Skald, Þórðr Kolbeinsson, durch ein Täuschungsmanöver die Braut für sich gewinnen kann. Es gibt hier – in der hochmittelalterlichen Rückschau – offenbar eine feste Vorstellung vom Künstlertum: Vorherrschen des Gefühls, Leidenschaft, Wankelmut, Lust am unsteten Umherschweifen. Die Ruhelosigkeit gilt jetzt nicht nur – wie etwa noch im altenglischen *Wîdsîð* – als äußeres, berufsbedingtes

Schicksal, sondern vor allem auch als Ausdruck innerer Veranlagung. Zwischen den altnordischen und den kontinentalen Dichterbiographien besteht wie Hans Naumann (Beitr. zur Gesch. d. dt. Spr. u. Lit. 72, 1950, S. 386ff.) gezeigt hat, offenbar ein enger literarischer Zusammenhang: Sowohl der Möringer wie auch Bjǫrn werden als Verehrer des hl.Thomas dargestellt, und in beiden Geschichten spielt ein Ring als Wiedererkennungszeichen eine Rolle. Die "mehr oder minder legendenhafte Behandlung berühmter Dichter" war, wie Naumann sagt, ein gemeinsamer Prozeß der nachklassischen Zeit des 13. Jahrhunderts.

10. SKALDENDICHTUNG DES CHRISTLICHEN HOCHMITTELALTERS: "LOSE STROPHEN" ALS ZEUGNISSE DES RELIGIONSWECHSELS. DAS HEILIGENPREISLIED.

Die Christianisierung des Nordens seit der Jahrtausendwende hat das Bild des Skalden und den Charakter seiner Kunst wahrscheinlich weniger verändert, als man erwarten sollte.daß skaldische Schmähdichtung, wie sie Bjǫrn hítdœlakappi und Þórðr Kolbeinsson ausgetauscht hatten, von jetzt an nicht mehr gern gehört wurde, ist uns allerdings mehrfach bezeugt. In einer Strophe, die Hallfrøðr im Augenblick seines Todes gesprochen haben soll, bekennt er, in seiner Jugend – also vor seinem Übertritt zum Christentum – Übles gedichtet zu haben: *ungr vask harðr í tungu* "als junger Mann war ich scharf in der Zunge". Nun fürchtet er sich, heißt es weiter, vor der Höllenstrafe, – es ist das erste Mal, daß in der altnordischen Dichtung das Wort *helvíti* "Hölle" erscheint (Str.28, Skj.I, 173). Und eine Strophe, die dem Skalden Gísli zugeschrieben wird, aber wohl erst im 12. Jahrhundert gedichtet wurde, läßt eine Traumfrau auftreten, die ausdrücklich vor der "Schmähdichtung" der Skalden warnt: *Gerskat nœmr níðleiks at skǫldum* (Skj.I, 104).

Für den neuen Stoff hat sich der Norden keine neue dichterische Form geschaffen: Fast alle christliche Dichtung ist Skaldendichtung. Die schlichtere, volkstümlichere Form der eddischen Lieder fand nur noch selten Verwendung. Vielleicht wurde die fast ausschließliche Bindung dieser Gattung an mythische und sagenhafte Stoffe als allzu störend empfunden.

In zweierlei Hinsicht bot sich die Skaldendichtung der neuen christlichen Thematik an: Zunächst gab die von früh an bezeugte Gewohnheit, Einzelstrophen – *lausavísur*, "lose Strophen" – zu dichten, dem Skalden die Möglichkeit, über eine persönliche Situation Rechenschaft zu geben, eine subjektive Stimmung dichterisch einprägsam zu formulieren. Dem bloßen Vorhandensein dieser Kunstform verdanken wir einzigartige Zeugnisse zur Psychologie des Religionswechsels. Zitiert werden soll hier eine Strophe Hallfrøðs,

die aus zwei Gründen interessant ist: zum einen, weil in ihr die starke Bindung
der Skaldendichtung an die alte Religion zum Ausdruck kommt, zum andern,
weil sie zeigt, daß der christliche Ausschließlichkeitsanspruch sich unter An-
hängern einer polytheistischen Religion nur schwer durchzusetzen vermochte
und daß der "Neubekehrte" noch recht unbefangen von seiner Anhänglichkeit
an die heidnischen Götter sprechen konnte (Skj.I, 168):

> *Qll hefr ætt til hylli*
> *Óðins skipat ljóðum:*
> *algilda mank aldar*
> *iðju várra niðja.*
> *Enn trauðr – þvít vel Viðris*
> *vald hugnaðisk skaldi –*
> *legg ek á frumver Friggjar*
> *fjón, þvít Kristi þjónum.*

"Jedes Geschlecht hat um die Gunst
Odins Lieder geschaffen:
ich erinnere mich des vortrefflichen Werkes
der Zeit unserer Vorfahren.
Noch zögernd – denn Viðris [Odins]
Herrschaft behagte dem Skalden wohl –
übe ich gegen den Gatten der Frigg [Odin]
Haß, denn ich diene dem Krist."

Eine weitere Möglichkeit, christliche Thematik aufzunehmen, bot sich der
Skaldendichtung – wie schon erwähnt – insofern, als sie häufig oder sogar
größtenteils Fürstenpreis- und auch Götterpreisdichtung war. Diese enkomia-
stische Tradition gab schon bald die Anregung zu einer christlichen Heili-
genpreisdichtung (wobei übrigens die strophische Gliederung den Bedürfnissen eines aufzählenden Berichts der Wundertaten entgegenkam). Das älteste
Zeugnis ist ein Preislied auf den heiligen Olaf: die *Glælognskviða* des Þórarinn
loftunga ("Lobzunge") aus der 1.Hälfte des 11. Jahrhunderts. Die großen geistlichen Gedichte mit 50 bis 100 Strophen – kunstvoll durch Kehrreimzeilen
gegliedert – erscheinen freilich erst im 12. Jahrhundert: die *Plácítúsdrápa*, ein
Preislied auf den hl.Eustachius, der bereits zitierte *Geisli* des Einarr Skúlason,
die *Harmsól* ("Sorgensonne") des Gamli kanóki, eines isländischen Augusti-
nermönchs, eine Bußpredigt, eingekleidet in die Form eines Preisliedes auf
den sich erbarmenden Christus, und die *Leiðarvísan* ("Wegweisung"), eine
Aufzählung der Taten Gottes und Christi unter der Fiktion, sie seien alle an

einem Sonntag geschehen, mit der Empfehlung, den Sonntagsfrieden zu ehren, schließlich noch im 14. Jahrhundert die *Lilja* ("Lilie"), das berühmte Marienpreislied des Eysteinn Ásgrímsson, der eigentliche Höhepunkt geistlicher Dichtung in Skandinavien. Als willkürliches Beispiel dieser christlichen Enkomiastik sei die Str. 31 der *Leiðarvísan* zitiert (Skj.I, 624):

> *Dag reis sinn með sigri*
> *snjallastr faðir allra*
> *– sonr huggaði seggi*
> *sólar hauðrs – af dauða*
> *Áðr batt flærðar fróðan*
> *fjanda heilagr andi*
> *fast ok fyrða leysti*
> *fremðar styrkr ór myrkrum.*

"An seinem Tag [am Sonntag] stand siegreich
der mutige Vater aller
– der Sohn des Sonnenlandes tröstete
die Menschen [*seggi*] – vom Tode auf.
Vorher band den in Bosheit klugen
Feind [den Teufel] der Heilige Geist
fest, und es erlöste die Menschen
der Ruhmstarke aus der Finsternis."

"Sohn des Sonnenlandes (des Himmels)" ist keine exakte Kenning im Sinne skaldischer Tradition, und Finnur Jónsson schlug deshalb vor, *sonr* durch *sjóli* "Fürst" zu ersetzen. Offenbar aber lag es in der Absicht des Dichters, Christus unmittelbar nacheinander als "Vater", "Sohn" und "Heiligen Geist" zu bezeichnen. Darüber hinaus ist die Strophe eine der wenigen skaldischen Zeugnisse für die Erwähnung des Teufels: In den ersten beiden Jahrhunderten nach der Christianisierung wurde er, wie Wolfgang Lange feststellt, fast völlig ignoriert (Studien zur christlichen Dichtung der Nordgermanen, 1958, S. 227ff.). Es ging im Norden eben zunächst vor allem darum, die Macht des Christengottes gegenüber den alten Göttern zu demonstrieren, und theologische Probleme wie das der Verführung zur Sünde spielten dabei nur eine untergeordnete Rolle.

So sehr nun die Skaldendichtung mit ihren enkomiastischen Elementen den Bedürfnissen des neuen Glaubens entsprechen mochte, so sehr mußte ihre im heidnischen Traditionswissen verwurzelte Metaphorik und ebenso ihr letztlich aus der Wortmagie stammender Kunstbegriff den neuen Anschauungen entgegenstehen. Tatsächlich werden die heidnischen Götternamen – in zahllosen Fürsten- und Kriegerkenningen scheinbar unentbehrlich – nach der Christianisierung seltener, zumindest in den ersten anderthalb Jahrhunderten, aber sie verschwinden nicht völlig. Zum Teil mag dieses Zurücktreten religiös belasteter Kenninge auch damit zusammenhängen, daß sich der skaldische Stil – unter dem Einfluß christlicher Kunstanschauungen – überhaupt etwas vereinfacht. Sigvatr ist der erste bedeutende Vertreter dieser Tendenz, aber noch im 14. Jahrhundert sieht sich Eysteinn Ásgrímsson genötigt, die Schlichtheit und Klarheit des Stils als förmliches Kunstprogramm zu verkünden (*Lilja*, Str.98, Skj.II, 394f.):

> *Sá, er óðinn skal vandan velja,*
> *velr svá mǫrg í kvæði at selja*
> *hulin fornyrðin, at trautt má telja,*
> *tel ek þenna svá skilning dvelja.*
> *Vel því at hér má skýr orð skilja,*
> *skili þjóðir minn ljósan vilja,*
> *tal óbreytiligt veitt af vilja,*
> *vil ek at kvæðit heiti Lilja.*

"Derjenige, der schwierige Dichtung liebt,
setzt gern in sein Gedicht so viele
dunkle Altertumsworte, daß sie kaum zu zählen sind.
Ich behaupte, daß er so die Verständlichkeit verhindert.
Da man hier gut die schlichten Worte verstehen kann,
mögen die Leute meinen klaren Willen begreifen,
diese unverschnörkelte Rede, mit Lust gegeben,
ich will, daß dieses Gedicht 'Lilie' heiße."

Gewiß ist diese "Rede" klarer und durchsichtiger, aber sie ist deshalb nicht weniger kunstvoll und um Klangwirkung bemüht als die alte Skaldensprache: Schon die *Leiðarvísan*-Strophe fällt durch ihre fast prosagleiche Wortfolge und ihren Mangel an Kenningen auf, aber weit erstaunlicher ist doch eigentlich, daß die jahrhundertelang bewahrten Regeln des *dróttkvætt* immer noch streng erfüllt werden: die Sechssilbigkeit der Verse, der Wechsel der Binnenreime (*-ag(r)-/-igr-, -all-/-all-, -ugg-/-egg-* usw.), die Stellung der Parenthese. Auch im Versmaß der *Lilja*, dem breiter fließenden, geistlicher Eloquenz entgegenkommenden *hrynhent*, bleiben die feste Silbenzahl der Zeilen – hier sind es acht (oder bei Auflösung eines Versgliedes neun) Silben – und die starre Kadenzform "lang-kurz" erhalten. Außerdem wird die zitierte Strophe – eine besonders wichtige Strophe, da in ihr der Name des Gedichts genannt wird, – dadurch ausgezeichnet, daß sich der Stabreim und der wechselnde Binnenreim mit einem über vier Zeilen durchgehaltenen Endreim verbinden. Bedenkt man schließlich noch, daß das hundertstrophige Gedicht auch in seiner strengen Architektonik – der Gliederung der Strophenfolge durch Kehrreimzeilen – dem skaldischen Prunkgedicht der Heidenzeit durchaus nicht nachsteht, so wird vollends klar, daß von einem Verzicht auf die künstlerischen Ansprüche der alten Skalden keine Rede sein kann.

Tatsächlich hat sich der kenningarme oder kenningfreie, schlichte, "verständliche" Stil bei den christlichen Skalden nie in vollem Umfang durchsetzen können. Vielmehr bemächtigt sich die skaldische Freude an der *orðgnótt*, der "Wortfülle", gelegentlich sogar der neuen Terminologie, um sie in ihr Kenningsystem einzubauen: Nach dem Muster der Schlachtkenning *brynþing* "Brünnenversammlung" bilden die *Krákumál* die absonderliche Kenning *odda messa* "Messe der Speere" (Skj.I, 644), und der *Háttalykill* scheut sich nicht, den "Kampf" nach dem Vorbild von *hjǫrdynr* "Schwertlärm" und *hjǫrgaldr* "Schwertgesang" als *hjǫrsalmr* "Schwert-psalm" zu bezeichnen (Skj.I, 5I7). Gleichzeitig werden im 12. Jahrhundert – in einer Art "Renaissance" der alten Skaldenkunst – auch die heidnischen Kenninge wieder mit größerer Unbefangenheit gebraucht. Die Schwertkenning *gylðis kindar gómsparri* "Gaumensperre des Wolfssprosses", die im *Geisli* des Einarr Skúlason auftaucht, wurde schon erwähnt (oben S. 32). In demselben Gedicht nennt Einarr nicht irgendeinen Krieger, sondern ausgerechnet den heiligen Olaf einen *munnrjóðr Hugins* "Mundröter Hugins", verwendet also, um den bluttrinkenden Walstattraben zu bezeichnen, den Namen eines der beiden Raben Odins (Skj.I, 461).

Aufs Ganze gesehen ist allerdings nicht zu verkennen, daß die großen Ideen des neuen Glaubens – Allmacht und Gnade Gottes, Sünde und Erlösung der Menschheit – und dazu auch die neuen Dimensionen staatlicher und kirchlicher Politik seit dem 11. Jahrhundert sozusagen aus der Natur der Sache heraus dem Inhaltlichen mehr Gewicht verschaffen und zur größeren Klarheit der Aussage zwingen.

Dafür zwei Beispiele.

In den 1020er Jahren standen die Isländer – nicht zum ersten Mal in ihrer kurzen Geschichte – unter dem politischen Druck des norwegischen Königtums: Olaf (der spätere Heilige) forderte die Insel Grimsey an der Nordküste Islands, aber die Forderung wurde mit der Begründung abgelehnt, Olaf würde bald die ganze Insel beherrschen, wenn man ihm diesen Brückenkopf einräumte. Einige Mitglieder der Delegation, die diese Ablehnung überbringen sollten, behielt Olaf als Geiseln zurück, unter ihnen Steinn, den Sohn des isländischen Gesetzessprechers Skapti Þóroddson. Steinn hatte – wie uns Snorri erzählt (Heimskr. Ól.helg. k.138) – eine *drápa* seines Vaters auf König Olaf auswendig gelernt, um sie in Norwegen vortragen zu können, aber wegen des gespannten Verhältnisses, das sich gegenüber dem König entwickelte, kam es nicht dazu. Obwohl dieses Preislied nicht überliefert ist, bleibt uns die Angabe Snorris interessant genug: Wir können ihr entnehmen, daß die skaldische Dichtung in der Tagespolitik noch immer eine große Rolle spielte und daß Skapti selbst, der höchste politische Vertreter des "Freistaates", sich zu diesem Zweck als Skald betätigte. Tatsächlich gibt es eine Halbstrophe, die ihm zugeschrieben wird, ein frühes Zeugnis christlicher Dichtung auf Island (Skj.I, 314):

> *Móttr es munka dróttins*
> *mestr: aflar goð flestu.*
> *Kristr skóp ríkr, ok reisti*
> *Róms hǫll, verǫld alla.*

"Die Macht des Herrn der Mönche ist
am größten: Gott schafft alles.
Der gewaltige Krist schuf – und errichtete
die Halle Roms – die ganze Welt."

Die Halbstrophe ist bei aller Einfachheit der Satzverschränkung in Z. 3/4 (*skóp [...] verǫld alla / ok reisti Róms hǫll*) ein gutes Beispiel für den skaldischen Zäsurenstil (und Kuhns Zäsurgesetz). Bemerkenswert ist die Halbstrophe aber vor allem als religionsgeschichtliches Zeugnis. Sie ist beherrscht von dem Gedanken der Macht: Gott ist am mächtigsten, mächtiger als die alten Heidengötter. Der Name Roms taucht hier zum ersten Mal in der altnordischen Dichtung auf, das erste Anzeichen für das allmähliche Eindringen der abendländischen Bildung in den Norden. Aber was ist *Róms hǫll* ? Man könnte vermuten, es sei ganz konkret der Lateran gemeint (so Fr. Paasche, Über Rom und das Nachleben der Antike im norwegischen und isländischen Schrifttum des Hochmittelalters, Symbolae Osloenses 13, 1934, S. 114-145, hier S. 115). Vielleicht steht die Bildung aber auch in einer absichtlichen Beziehung zur "Halle Odins" – *valhǫll, Herjans hǫll* –, gleichsam als Protest- und Konkurrenzbildung (so W. Lange, Studien zur christlichen Dichtung der Nordgermanen, 1958, S. 69). Dann könnte eine imaginäre Halle gemeint sein, die Kirche im allgemeinen Sinne. Gedacht ist jedenfalls in erster Linie an die kirchliche Organisation, die in Rom ihren Mittelpunkt hat. Denn auch die Kenning *munka dróttinn* "Herr der Mönche" zeigt ja, daß der neue Glaube den Skandinaviern zunächst in seiner äußeren Form, als machtvolle, vielköpfige

Organisation entgegentrat, als eine fremde, fremdländische Macht, die von Süd- und Mitteleuropa kommend nun auch den Norden erfaßte: Es wird kein Zufall sein, daß in diesen wenigen Zeilen gleich zwei Wörter vorkommen, die diesen Eindruck des Fremdländischen unterstreichen: das Wort *munkr/munki* - aus altenglisch *munuc* entlehnt - und das Wort *Róm*.

Erst drei Menschenalter später, um 1100, war die Kirchenorganisation im Norden so weit gediehen, daß der Dänenkönig Erik Ejegod die Abhängigkeit vom Erzbistum Hamburg-Bremen abschütteln und die Kurie zur Errichtung eines eigenen skandinavischen Erzbistums in Lund bewegen konnte. Es war wiederum ein isländischer Gesetzessprecher, Markús Skeggjason, der in einem – an anderer Stelle zitierten – Preislied auf den Dänenkönig dieses Ereignis als Befreiungstat feierte. Christlich-geistlich orientiert ist dieses Preislied – eine prunkvolle *drápa*, von der uns 32 Strophen überliefert sind, mehr noch in seiner Form als in seinem Inhalt: Es ist im *hrynhent* gedichtet, einem Versmaß, das schon deshalb der christlich-lateinischen Dichtung nahesteht, weil es mit seinen acht Versgliedern und vier Hebungen weit stärker zum alternierenden Rhythmus neigt als das *dróttkvætt*. Übrigens ist die zitierte Strophe das erste literarische Zeugnis für den skandinavischen Einheitsgedanken: Es war die Kirche, die ihn mit der (damals noch dänischen) Lunder Gründung organisatorisch zuerst verwirklichte, und selbst als Norwegen und Schweden noch während des 12. Jahrhunderts ihre eigenen Erzbistümer erhielten, blieb *Dacia* der Name der gesamten nordischen Kirchenprovinz.

Obwohl bald danach auch das Klosterwesen im Norden Eingang fand, scheint man die klösterliche Tracht zu dieser Zeit immer noch als fremd und absonderlich empfunden zu haben. Jedenfalls dichtete um die Mitte des 12.Jahrhunderts der orkneyische Jarl Rögnvaldr eine Strophe, die zwar schwer verständlich ist und mehrere Deutungen erfahren hat, aber wahrscheinlich auf die Mönchskutte anspielt (Skj.I, 506):

> *Sextán hefik sénar*
> *senn með topp í enni*
> *jarðir, elli firðar*
> *ormvangs saman ganga.*
> *Þat bárum vér vitni,*
> *vestr at hér sé flestar*
> *– sjá liggr út við élum*
> *ey – kollóttar meyjar.*

"Sechzehn habe ich gesehen
zugleich mit einem Haarbüschel in der Stirn

Trägerinnen, noch nicht alt,
des Drachenlagers [des Goldes] zusammen gehen.
Das konnten wir bezeugen,
daß hier im Westen die meisten
– es liegt den Stürmen ausgesetzt
die Insel – Mädchen kahlköpfig sind."

"Trägerinnen des Drachenlagers" sind Frauen. Man hat die Strophe daher auf Nonnen bezogen oder auf orkneyische Mädchen (R. Meissner, Arkiv 44, 1925, S. 144), ja man hat sogar in den "sechzehn Frauen" die Meereswellen sehen wollen, die Töchter des Meergottes Ægir, die schaumbespritzt – *með topp í enni* – auf die dem Sturm ausgesetzte Insel zurollen (J. de Vries, Saga och sed 1959, S. 139). Dem skaldischen Stil am besten gerecht wird aber wohl die Deutung, die die Strophe auf Mönche in ihren langen, einer Frauenkleidung ähnlichen Kutten bezieht (C. Wood, Neophilologus 44, 1960, S. 338-343). Es entspricht nämlich dem antithetischen Aufbau der Skaldenstrophe, in der ersten Strophenhälfte eine scheinbar harmlose Mitteilung zu machen und dieser Mitteilung dann in der zweiten Strophenhälfte die maliziöse Pointe zu geben, "hier im Westen" seien die meisten Frauen *kollóttar* "kahlköpfig, geschorenen Hauptes". Die *Orkneyinga saga*, die diese Strophe zitiert, scheint ihren bösen Spott noch gekannt zu haben, denn sie schreibt, der Jarl habe die Gestalten in ihrer wunderlichen Tracht am Sonntag vor der Kirchentür getroffen (k.72).

11. DIE ÜBERLIEFERUNG DER SKALDENDICHTUNG. IHRE VORGEBLICHE SITUATIONSGEBUNDENHEIT IN DER SAGAPROSA. DIE MISCHFORM VON PROSA UND STROPHE: PROVENZALISCHE PARALLELEN.

Die vorhin genannte Strophe Hallfrøðs, von der die *Hallfrøðar saga* behauptet, der Skald habe sie im Augenblick seines Todes gesprochen (k.12), kommentiert Jan de Vries mit den Worten: "Man muß einen starken Köhlerglauben haben, um annehmen zu können, daß Hallfrøðr, nachdem er von einem auf ihn herabstürzenden Balken schwer verwundet war, noch einige *lausavísur* ["lose Strophen"] hätte dichten können und die Schiffsgenossen die Muße gehabt hätten, sie ihrem Gedächtnis einzuprägen." Jan de Vries hält diese Strophen deshalb für "die Arbeit eines späteren Sagamannes" (Altnord. Literaturgesch.,1. Bd., 2. Aufl. 1964, S. 191).

Zweifel an der vorgeblichen Situationsgebundenheit vieler Skaldenstrophen bedeuten also im einzelnen Fall oft zugleich auch Zweifel an der Echtheit der Zuschreibung. Ebenso oft aber kann die Behauptung der Sagaprosa, eine Strophe sei in dieser oderjener Situation aus dem Stegreif gedichtet worden, geradezu ein Kriterium der Echtheit sein, – dann nämlich, wenn sich zeigen läßt, daß die Sagaprosa die Strophe mißverstanden oder vielleicht gar bewußt umgedeutet hat, um sie im Zusammenhang ihrer Erzählung zitierbar zu machen. Es scheint jedenfalls, daß die Sagaprosa dazu neigt, einzelne Strophen auf bestimmte, anschauliche Situationen zu beziehen und dabei gelegentlich auch Strophenzyklen auseinanderzureißen, – häufig in der Form, daß sie dichterische Sentenzen und Metaphern, die in der Strophe erscheinen, wörtlich nimmt und danach dann die Situation konstruiert (K. von See, Skaldenstrophe und Sagaprosa, in: Mediaeval Scandinavia 10, 1977, Wiederabdr. in: ESSk 1981, S. 461ff.). So erzählt die *Gísla saga* (k.17), daß Gíslis Gegner mit großer Mannschaft seinen Hof aufsuchen, daß einer seiner Leute gerade draußen ist, als der Haufen heranrückt, und nun aufgeregt zu Gísli läuft, um ihn zu warnen. Daraufhin soll Gísli die Verse gesprochen haben (Skj.I, 102):

> *Fell eigi ek fullum,*
> *folkrunnr, hjarar munni*
> *– ráðit hefk margra manna*
> *morð – vid hverju orði.*
> "Ich falle nicht, Krieger,
> vor jedem mit dem vollen Mund des Schwertes
> – ich habe mancher Männer
> Totschlag verursacht – [gesprochenen] Wort."

Die geschilderte Sagaszene kommt offensichtlich nur dadurch zustande, daß der Verfasser die Worte *Fell eigi ek [...] við hverju orði* "Mich wirft nicht jedes Wort um" unbildlich nimmt und auf den Mann bezieht, der Gísli vor den gefährlichen Ankömmlingen warnt. Es ist aber ganz sicher, daß die Worte *at hverju orði* und *fullum hjarar munni* – gleichgültig, ob man sie trennt oder einander zuordnet – Bestandteile eines poetischen Bildes sind: Gemeint sind die "Worte", die das Schwert spricht (man erinnere sich an die schon oben S. 29 erwähnten *sannyrði sverða*, Skj.I, 155). Die Halbstrophe will also sagen, daß Gísli sich nicht vor den Waffen seiner Gegner fürchtet, d.h. sie ist eine allgemeine Erklärung des ungebrochenen Widerstandswillens und keineswegs an die beschriebene Situation gebunden.

Das Beispiel der Gísli-Strophe zeigt noch einmal eindringlich die Problematik, mit der die Überlieferung der Skaldendichtung belastet ist: Nicht in einem Corpus von Gedichten und Strophenzyklen wie die eddische Götter- und Heldendichtung, sondern in Tausenden von Einzelstrophen und verstreut über eine Unzahl von Prosatexten ist die Skaldendichtung auf uns gekommen

(Zu den textkritischen Schwierigkeiten, die sich daraus ergeben, vgl S. Nordal, Arkiv 51, 1935, S. 170ff.). Nur in seltenen Fällen ist einmal ein ganzes Gedicht in geschlossener Form überliefert, so die *Þórsdrápa* des Eilífr Goðrúnarson in drei Handschriften der *Snorra Edda*.

Die Frage, wie diese merkwürdige Form der Überlieferung zu erklären sei, ist aufs engste verknüpft mit der Frage nach der Entstehung der isländischen Saga. Die moderne Forschung glaubt jedenfalls, gerade im Prosa-Kontext der Strophenzitate eine "mündliche Vorstufe" der Saga ausfindig machen zu können. Sie argumentiert, daß die Skaldenstrophe schon in der schriftlosen Überlieferung eines Prosakommentars bedurft hätte und daß dieser Prosakommentar in dem Sagatext bewahrt sei, innerhalb dessen die Strophe zitiert wird. Man sollte aber bedenken, daß das Argument der Kommentarbedürftigkeit entfällt, sobald man die zitierte Strophe an ihren ursprünglichen Ort zurückversetzt: Dort – im Verband eines Gedichts oder eines Zyklus – vermögen sich die Strophen wechselseitig zu erklären. Nichts spricht gegen die Vermutung, daß die *drápur* und *flokkar*, die Preisgedichte und "Strophenhaufen", bis zur "Schreibezeit", d.h. bis weit ins 12. Jahrhundert hinein, in ihrer alten Vollständigkeit bewahrt blieben, – begleitet allenfalls von einigen Angaben über den Dichter und den Anlaß des Gedichts, die nicht umfangreicher gewesen zu sein brauchen als das, was ein durchschnittlich Gebildeter heute über Goethes Sesenheimer Gedichte weiß, – Angaben also, die in ihrer Kürze und Unfestigkeit als literaturgeschichtliches Phänomen gar nicht faßbar sind.

Auch Snorri rechnet nicht mit einem Prosakommentar, sondern setzt voraus, daß die Skaldendichtung aus sich selbst heraus zu deuten sei. In einer Passage der *Snorra Edda*, in der von Gott-, Christus- und Fürstenkenningen die Rede ist, heißt es: *Þar koma saman kenningar, ok verðr sá at skilja af stǫð, er rœðr skáldskapinn, um hvárn kveðit er konunginn* "Es gibt Kenninge, bei denen derjenige, der die Skaldendichtung interpretiert, aus dem Zusammenhang entscheiden muß, von welchem König gesprochen wird" (SnE, Skáldsk. k.50, 1900, S. 122f.). *Stǫð* bedeutet hier offenbar die "Stelle", an der die betreffende Kenning innerhalb des Gedichts steht. Gemeint ist also der Kontext des Strophenverbandes, aus dem der Hörer im Zweifelsfall seine Deutung zu eruieren hat.

Die Sagas und die sagamäßige Geschichtsschreibung, die während des 12.-14. Jahrhunderts die skaldische Überlieferung in ihrer Prosa verarbeiten, leisten zwar den unschätzbaren Dienst, daß sie uns halbwegs zuverlässig die Dichter – und nötigenfalls auch die Addressaten – der zitierten Strophen nennen und dazu die allgemeinen historischen Verhältnisse beschreiben, in denen sie entstanden sind. Aber sie zerstören zugleich auch, indem sie die Gedichte und Zyklen auseinanderreißen, die gedanklichen und formalen Zusammenhänge, durch die sich die Strophen in ihrer ursprünglichen Nachbarschaft wechselseitig erklären, und sie präjudizieren mit der Erzählung, die das Zitat begleitet, die Interpretation der – als Zitat isolierten – Strophe.

Auswärtige Vorbilder, die an der Entwicklung dieser Mischform von Prosa und Vers beteiligt sein könnten, sind bisher nicht entdeckt worden. Immerhin aber gibt es – wieder einmal – im Bereich der Trobadordichtung eine frappierend ähnliche Parallele: Es sind dies die *vidas*, die Biographien der Trobadors, und dazu die *razos*, in denen die "ratio", die "raison d'être" eines einzelnen Gedichts erzählt wird, also die Umstände, unter denen der Trobador seine Strophen gedichtet haben soll (letzte kritische Ausgabe von Guido Favati, Le biografie trovadoriche, Bologna 1961). Einige *vidas* und *razos* sind knapp und karg, andere aber ausführlich und – ähnlich wie die Sagas – nicht nur mit Strophenzitaten, sondern auch mit Dialogen ausgestattet, "die der Biograph an den wichtigsten Punkten der Handlung einschaltet", wobei "fast unmerklich [...] die indirekte Rede in die direkte" übergleitet (Josef Zanders, Die altprovenzalische Prosanovelle. Eine literaturhistorische Kritik der Trobador-Biographien, 1913, S. 74, vgl. S. 78). Aus dem Bemühen heraus, die Gedichte biographisch festzulegen und an erzählbare Situationen zu binden, kommt es dann zu ähnlichen Fehldeutungen der Metaphern und Topoi wie in den Sagas.

So sind zwei literarische Topoi, die der Trobador Jaufré Rudel in seinem Lied *Lanquan li jorn son lonc en may* verwendet, der Anlaß, daß dessen *vida* ihm eine berühmt gewordene Liebesgeschichte mit der Gräfin von Tripolis zuschreibt. Der Topos der "Fernliebe" (*l'amor de lonh*) liefert das Motiv, Jaufré habe sich in eine Frau verliebt, ohne sie je gesehen zu haben, und aus dem emphatischen Satz, er wolle "im tiefen Sarazenenland gern um sie gefangen sein" (Str.5,5ff.), zieht die *vida* den Schluß, der Trobador habe einen gefahrvollen Kreuzzug ins Heilige Land gemacht, um der geliebten Gräfin endgültig ansichtig zu werden. In Wahrheit aber will der Topos nichts anderes sagen, als daß der Trobador für seine ungenannte Dame alle nur denkbaren Leiden auf sich nehmen wolle (F. Wellner / H.G. Tuchel, Die Trobadors. Leben und Lieder [Samml. Dieterich 104], 1966, S. 18). Schon Friedrich Diez, einer der Begründer der Provenzalistik, nennt gelegentlich ein Beispiel für das Wörtlichnehmen poetischer Floskeln (Leben und Werke der Troubadours, 2. Aufl. 1882, S. 104), und heute ist längst die Meinung herrschend geworden, daß *vidas* und *razos* wenig Glaubwürdigkeit verdienen: "Man nahm Vorstellungen, Bilder und Formeln eines Dichters wörtlich und konkretisierte sie autobiographisch" (U. Müller in: Gestaltungsgeschichte und Gesellschaftsgeschichte, hg.von H. Kreuzer, 1969, S. 44).

Ein Zusammenhang von Trobadornovellen und Sagas scheint auf den ersten Blick ausgeschlossen, da die Aufzeichnung der *vidas* und *razos* erst mit dem Beginn des 13. Jahrhunderts einsetzt. Bedenkenswert ist allenfalls, daß gerade der Bericht von der Pilgerfahrt des Jarls Rögnvaldr und seinem Aufenthalt am Hof von Narbonne, der in die *Orkneyinga saga* aufgenommen wurde, eines der ältesten altnordischen Zeugnisse für die künstlerisch gelungene Vereinigung von Prosa und Strophen ist. Der Sagatext will sogar den Eindruck erweken, daß bereits unter den Reiseteilnehmern die Absicht bestand, sozusagen unter skaldischer Anleitung einen authentischen Bericht des gemeinsamen Abenteuers zustandezubringen. Nach der Eroberung eines Kriegsschiffes unterhielten sich die Männer über die Vorgänge, die sich eben abgespielt hatten:

"Jeder erzählte, was er gesehen zu haben glaubte. Auch darüber sprachen die die Männer, wer als erster geentert habe, und sie konntens sich nicht darüber einigen. Da sprachen manche, es wäre doch dumm, wenn sie nicht alle ein und dasselbe aussagten über diese wichtigen Ereignisse. Und schließlich kamen sie überein, daß Jarl Rögnvaldr entscheiden sollte; das wollten sie dann später alle unterstützen. Da sprach der Jarl:
[Es folgt eine Strophe]"
(Orkn.saga k.88, udg. ved S. Nordal, 1913-1916, S. 250. Thule 19, S. 164).

Der Jarl schildert in dieser Strophe das Ereignis, um das sich die Männer stritten. Der Skaldendichtung wird hier also die Rolle zuerkannt, die verbindliche Version des Berichts festzulegen: Die dichterische Form dient der Aussage als Bürgschaft ihrer Wahrheit (K. von See, ESSk 1981, S. 357f.).

Verlockend ist nun der Gedanke, daß schon während des 12. Jahrhunderts Trobadoranekdoten, gemischt aus Prosa und Strophen, im Umlauf waren und daß Rögnvaldr und seine Skalden durch sie angeregt wurden, ihre Reiseabenteuer – besonders ihre Erlebnisse am Hof von Narbonne – in einer entsprechenden Verbindung von Prosa und Strophen zu überliefern. Selbst bei der endgültigen Redaktion der *Orkneyinga saga* können noch Impulse aus dieser Richtung mitgewirkt haben: Hrafn Sveinbjarnarson, der einzige Nordmann, von dem wir wissen, daß er später noch – um 1200 – ins Land der Trobadors gelangte, hatte enge Beziehungen zu den Orkneyjar und ihrem Bischof Bjarni Kolbeinsson. Dieser Bjarni wiederum ist der Dichter der berühmten *Jómsvíkingadrápa*, die in ihrem Rahmenmotiv Spuren des Trobadorstils trägt. Und von beiden – Bjarni und Hrafn – ist in der Forschung gelegentlich vermutet worden, daß sie an der Abfassung der *Orkneyinga saga* beteiligt gewesen seien (Anne Holtsmark, Edda 37, 1937, S. 1ff.). Die Anregungen, die der Norden aus solchen Kontakten zu empfangen vermochte, können selbstverständlich nur von sehr allgemeiner Art gewesen sein. Da aber die "Skaldensagas" zur frühesten Gruppe der Sagatexte gehören, wird die biographische Einkleidung und Paraphrasierung der überlieferten Skaldendichtung einer der wesentlichen Antriebe zur Entstehung der Gattung überhaupt gewesen sein. Und dieser Antrieb war um so stärker, wenn – wie bei der *Fóstbrœðra saga*, der *Hallfrøðar saga* und auch der *Orkneyinga saga* – ein geistliches Engagement hinzutrat. Wie gesagt: ein verlockender Gedanke. Möglich ist aber auch, daß Skaldendichtung und Trobadordichtung – unabhängig voneinander – in gleicher Weise ein Interesse an der Individualität des "Künstlers" wachriefen, das dann in den *vidas* und *razos* einerseits und den Skaldensagas andererseits seinen Ausdruck fand und dort wie hier zu ähnlichen Darstellungsformen führte. Nicht zuletzt in ihren formalen Aspekten bleibt diese bisher kaum beachtete Parallele – die Romanistik hat sich lediglich um einen Vergleich der Trobadornovellen mit chinesischen Dichterbiographien bemüht (Hans H.Frankel, Romance Philology 16, 1963, S. 387ff.) – selbst dann einer genaueren Untersuchung wert, wenn unmittelbare Beziehungen nicht bestehen.

Auf beiden Seiten mußte die stark stilisierte und zugleich konventionalisierte Sprache der Trobadors und der Skalden dazu verlocken, die Formeln, Topoi und Metaphern sozusagen aufzulösen, die Gedichte und Strophen zu anekdotisieren und e r z ä h l b a r e, anschauliche Szenen aus ihnen zu entwickeln. Es handelt sich dabei kaum oder gar nicht um die mündliche Tradierung authentischen Wissens, das dann irgendwann den rettenden Hafen schriftlicher Fixierung erreichte, sondern um eine bewußte "Literarisierung" des in den Gedichten und Strophen gespeicherten Stoffes, – anders ausgedrückt: um eine W e i t e r v e r w e r t u n g von dichterischen Gattungen, die allmählich abzusterben begannen und denen man nun ein erneutes Interesse abzugewinnen suchte, indem man sie in eine andere, neue Kunstform überführte. Daher konnte denn auch der überlieferte Stoff in seinem neuen Gefäß mehr oder weniger willkürlich mit weitverbreiteten literarischen Wandermotiven aufgefüllt werden, so die *vida* des Guillem de Cabestaing mit dem Motiv der *herzmære* (H.J. Neuschäfer in: Poetica 2, 1968, S. 38ff.) oder die *Bjarnar saga hítdœlakappa* mit dem Motiv des Ringes als eines Wiedererkennungszeichens (H. Naumann in: Beitr. zur Gesch. der dt. Sprache u. Lit. 72, 1950, S. 386ff.). Diese jeweils neuen Kunstformen sicherten – vielleicht unabhängig voneinander, aber immerhin zur gleichen Zeit – den Trobadors und den Skalden das Überleben! Die Sagas betteten die Skaldenstrophen in ihre Prosa ein und trugen sie über die folgenden Jahrhunderte hinweg, während die *vidas* und *razos*, die am Anfang der europäischen Novellendichtung stehen, den Ruhm der Trobadors verbreiteten: Egill kennt man heute besser durch die *Egils saga* als durch seine Strophen, und ebenso ist es die *vida* des Jaufré Rudel, von der Dichter wie Heine, Swinburne und Carducci fasziniert wurden, und nicht eigentlich seine Lieder.

12. ARTISTIK UND IMPROVISATION. DIE LUST DES SKALDEN AN DER *ORÐGNÓTT*,
DER "WORTFÜLLE". DAS PROBLEM DER VERSTÄNDLICHKEIT.

So sehr man der Sagaprosa und ihrem Bild vom Skalden einige Zweifel entge-
genbringen darf, so wenig ist zu bestreiten, daß sich die Skaldendichtung
selbst als virtuose Improvisationskunst verstanden wissen wollte. Ein Indiz
hierfür ist schon die bloße Tatsache, daß die Sagaverfasser eine solche Improvisation immerhin für möglich hielten. Außerdem überliefern sie uns zahlreiche Anekdoten, die die skaldische Lust am Improvisieren ausdrücklich bezeugen, das Spiel mit der virtuosen Beherrschung der Sprache, das förmliche
Schwelgen in der *orðgnótt,* der "Wortfülle". So heißt es in der *Orkneyinga
saga,* der Jarl Rögnvaldr habe über einen Mann, den er beobachtete, eine Strophe gedichtet und zuvor den Skalden Oddi lítli aufgefordert, gleich darauf über
denselben Gegenstand zu dichten, ohne daß ein einziges Wort aus Rögnvalds
Strophe in der seinen auftauche: *haf ok eingi þau ord i þinni visu, er ek hefi i
minni visu* (udg.af S. Nordal, 1913-16, S. 222). Dieser Virtuosität entsprach
die Kennerschaft, mit der der Skald nicht nur unter seinen Kollegen, sondern
auch im Publikum rechnen mußte. Als Þjóðolfr Arnórsson, ein bedeutender
Skald des 11. Jahrhunderts, vor König Haraldr harðrádi eine Strophe mit der
Zeile *grǫm en þat vas skǫmmu* vortrug, zog er sich prompt den Tadel des Königs zu, weil im ersten Versglied eine kurze Silbe statt einer langen erscheint
(Flateyjarbók III, 378, Skj.I, 380).

Selbst wenn man die Authentizität mancher dieser Anekdoten bezweifeln muß, veranschaulichen sie doch – aufs Ganze gesehen – das Milieu,
in dem die Skaldendichtung lebte. Es bleibt also die Frage bestehen, wie sich
die beiden Charakteristika der Skaldendichtung – die scheinbar spielerische
Improvisation auf der einen, die ausgeklügelte Artistik auf der anderen Seite –
miteinander vereinbaren lassen.

Zunächst ist zu sagen, daß die "freie" Wortstellung der Skalden, besonders das Auseinanderreißen von Grundwort und genitivischem Bestimmungswort, auch in der deutschen Dichtung keine ernsthaften Verständnis-
schwierigkeiten schafft, sondern im Gegenteil einen ästhetischen Reiz darstel-
len kann, – so in der zweiten Zeile der Schillerschen *Nenie*:

Auch das Schöne muß sterben! Das Menschen und Götter bezwinget,
   Nicht die eherne Brust rührt es des stygischen Zeus.

Eine Zeile übrigens, in der nicht nur die freie Wortstellung erscheint, sondern
zugleich eine typisch skaldische Kenning, denn der "stygische Zeus", Ζεὺς
στυγερός, ist eben nicht Zeus, sondern Hades, der Gott der Unterwelt.

Außerdem wird die Möglichkeit, skaldische Strophen zu dichten und zu verstehen, als etwas weniger schwierig erscheinen, wenn man bedenkt, daß die Skalden einen festen Vorrat von Kenningtypen hatten und diesen immer wieder von neuem abwandelten. So nennt Gísli einmal den Krieger einen *þverrandi*, einen "Verschwender, Verminderer" des Goldes, aber man kann ihn auch einen *særir*, einen "Verwunder, Verletzer" des Goldes nennen, und Þórmóðr nennt ihn gar einen *morðvenjandi*, einen "Mann, der gewohnt ist, (das Gold) zu töten". Ähnlich verhält es sich mit dem Bestimmungselement: Wer in Gíslis Strophe die Worte *fleyja brautar* "des Schiffsweges" hört, weiß, daß er wahrscheinlich eine "Gold"-Kenning zu erwarten hat, daß also ein Wort für "Feuer" folgen wird, häufig abermals ein Genitiv, der sich dann durch ein weiteres Element zu einer Mann- oder Frauenkenning ergänzt. Die Verwendung von "Gold"-Kenningen ist übrigens ein Beispiel für die langdauernde Tradition einer exklusiven "Dichtersprache", denn im realen Leben der Wikingerzeit ist längst das Silber zum eigentlichen Wertmetall geworden, während das Gold als Schmuck und Zahlungsmittel in der Völkerwanderungszeit vorherrschte. Tatsächlich gehört auch gerade der Kenningtyp "Feuer des Wassers = Gold" in das Milieu der völkerwanderungszeitlichen Heldensage, denn es liegt ihm, wie schon gesagt, das Bild des im Rhein versenkten Nibelungenhortes zugrunde (*Rínar log* "Flamme des Rheins", *Rínar glóð* "Glut des Rheins" usw.). Auch *ægis eldr* ist wohl als Variante dieses Typs zu erklären, also als "Feuer des Wassers", und nicht als *Ægis eldr*, als Feuer in der Halle des Meergottes Ægir.

Die Festigkeit des Typenschatzes erleichtert es dem Hörer, die einzelnen Elemente einer Fügung auch dann richtig zu kombinieren, wenn sie mehr oder weniger weit auseinandergerissen sind. Das hat auch Wilhelm Busch gewußt, als er in seiner *Frommen Helene* den Vers vom Kater Munzel dichtete, der eine Porzellanfigur vom Kamin stößt:

> Ach! – Die Venus ist perdü –
> Klickeradoms! – von Medici!

Die Verwirrung der natürlichen Wortfolge ist hier der eigentliche Witz des Verses – die Figur ist sozusagen auch sprachlich zerbrochen –, aber statthaft ist diese Verwirrung nur, weil die "Venus von Medici" – zumal im Kunstverständnis der Wilhelm-Busch-Zeit – eine geläufige Wortverbindung, ein festgefügter Begriff ist.

Zum Arsenal von Kenningtypen gesellt sich dann noch ein jederzeit verfügbarer Vorrat konventioneller Reimverbindungen. Für das poetisch-archaische Wort *tafn / valtafn* "(Walstatt-)Opfer" gibt es beispielsweise 17 skaldi-

sche Belege (Lex.poet.,S. 563, 591): in 16 Fällen steht es dabei im Binnenreim
mit *hrafn* "Rabe", obwohl alle Zeilen im Wortlaut verschieden sind (vgl. dazu
allgemein B. Kahle, Die Sprache der Skalden auf Grund der Binnen- und End-
reime verbunden mit einem Rimarium, 1892).
Ein guter Skald mußte diese Tradition beherrschen. Dichterschulen gab
es allerdings nicht, und selbst die Vererbung und Pflege dichterischer Bega-
bung innerhalb der Verwandtschaft spielte eine geringere Rolle, als man eigentlich erwarten sollte. Schon das Auftreten zweier prominenter Skalden in
der Abfolge zweier Generationen – Þórðr Kolbeinsson, Arnórr Þórðarson – ist
ein seltener Fall, und die Feststellung vereinzelter Verwandtschafts-
beziehungen – Skúli Þorsteinsson ist ein Enkel Egils, Tindr Hallkelsson ein
Nachkomme Bragis usw. – besagt wenig angesichts der Masse von 250 Skaldennamen. Auch von einzelnen Lehrer-Schüler-Verhältnissen wissen wir
kaum etwas. Um so bekannter ist die Geschichte der Egils saga, daß der junge
Einarr skálaglamm auf dem isländischen Allding den alten Egill Skallagrímsson aufgesucht und sich mit ihm über Skaldendichtung unterhalten haben soll:
[...] ok kom þar brátt talinu, at þeir ræddu um skáldskap (k.78). – Wesentlich
für die Pflege skaldischer Traditionen waren wohl nicht so sehr Verwandt-
schaftsbeziehungen und förmliche Schülerschaften, sondern etwas anderes: die
wirkliche Volkstümlichkeit, die die Skaldendichtung – bei aller hochgetriebe-
nen Artistik – unter den Isländern genoß. Die *Víga-Glúms saga* wird zumindest das Milieu in der die Skaldendichtung lebte, richtig wiedergegeben haben,
wenn sie die folgende Episode erzählt:

"Eines Tages, als Leute im Rabenkluftbad waren, kam Þorvarðr dorthin. Er
war ein sehr lustiger Mann und verstand sich auf allerlei Kurzweil. Er sprach:
'Sind Männer hergekommen, die uns mit Neuigkeiten unterhalten können?'
Die Leute sagten: 'Wo du bist, da ist Unterhaltung und Vergnügen genug.' Er
sagte: 'Mir scheint nun nichts vergnüglicher, als die Strophen Glúms herzusa-
gen, und darüber denke ich nach, was er wohl in der einen Strophe damit
meinte, daß man einen vergaß, den er erschlagen habe. Wer könnte das wohl
sein und ist es nicht wahrscheinlicher, daß es Glúmr war, der den Þorvaldr
erschlagen hat, und nicht Guðbrandr?'" (ed. by G. Turville-Petre, 1960, S. 42,
Übersetzung in Thule 11, S. 87f.).

Die Episode zeigt, wie Skaldenstrophen im Bezirk umliefen und von den Leuten nicht nur vorgetragen, sondern auch diskutiert wurden. Es wird also einem
Isländer nicht allzu schwer gefallen sein, mit Skaldendichtung vertraut zu werden. Wie notwendig die Kenntnis der Tradition dabei für die eigene Kunst des
Skalden war, bestätigt wortwörtlich eine der vielen Anekdoten, die von König

Haraldr harðráði und seinen Skalden handeln: Der Skald Stúfr trug im Verlauf einer Nacht dem König dreißig Strophenzyklen (*flokkar*) vor und erklärte, noch einmal die gleiche Zahl von Preisliedern (*drápur*) auswendig zu wissen. Der König sagte daraufhin zum Skalden: *Ekki er þat ólíkligt, at þú kunnir yrkja, erst þú svá kvæðafróðr maðr* "Nicht ist es verwunderlich, daß du dichten kannst, da du ein so liederkundiger Mann bist" (Stúfs þáttr, Íslenzk Fornrit V, 281ff.).

Alles das darf aber nicht darüber hinwegtäuschen, daß Skaldendichtung nicht erst den heutigen Interpreten, sondern gelegentlich wohl auch schon den zeitgenössischen Hörern schwer eingängig war. In der *Morkinskinna*, die uns zahlreiche Skaldenanekdoten vom norwegischen Königshof des 12. Jahrhunderts überliefert, wird erzählt, König Sigurðr habe zugeschaut, wie eine Frau namens Ragnhildr mit ihrem prächtigen Langschiff aus dem Hafen von Bergen gesegelt sei, und er habe daraufhin von seinem Skalden Einarr Skúlason verlangt, dazu eine Strophe zu dichten, bevor das Schiff eine bestimmte Insel passiere; der Skald habe – wie war es anders zu erwarten? – die Herausforderung angenommen, sich aber für jede Zeile (*orð*), die der König und seine sieben Gefolgsleute nicht behalten, ein Maß Honig ausbedungen. Dann habe er die folgende Strophe gedichtet (udg. ved F.Jónsson, 1932, S. 447f., Skj.I, 484):

> *Hola bǫru rístr hlýrum*
> *hreystisprund at sundi;*
> *blæss élreki of ási*
> *Útsteins vefi þrútna.*
> *Varla heldr und vildra*
> *víkmarr á jarðríki*
> *– breiðr viðr brimsgang súðum*
> *barmr – lyptingar farmi.*

"Es durchschneidet die hohle Woge mit dem Vordersteven
die kühne Frau auf dem Sund;
es bläst der Sturmtreiber [der Wind] vom Bergrücken
Utsteins das geschwollene Segel.
Kaum fährt unter einer schöneren
ein Buchtroß [ein Schiff] auf Erden
– es gibt Wellengang den Planken die breite
Schiffsseite – Achterdeckslast."

Die Wortfolge ist verhältnismäßig einfach, ebenso die Kenninge – *vildr lyptingar farmr*, die "schöne Achterdeckslast", ist selbstverständlich die Frau –, die Dative *vildra* in Z.5 und *farmi* in Z.8 verbinden sich, da gut erkennbar, mühelos miteinander, und auch die Stellung des Einschubsatzes in Z. 7/8 ist alles andere als ungewöhnlich. Aber der König druckst: die erste Zeile bringt er zustande und – *ja, veit guð* "ja, weiß Gott" – sonst nur noch die letzte. Alles, was dazwischen ist, haben er und seine Leute vergessen.

Es kann auch vorkommen, daß ein Skald den Inhalt einer Strophe absichtlich verschlüsselt, so daß die Hörer sie beim ersten Hören nicht verstehen, den Wortlaut aber im Gedächtnis bewahren und nachträglich enträtseln. So hat es vielleicht Víga-Glúmr in der vorhin zitierten Episode gemeint. Ein weiteres Beispiel liefert die *Gísla saga*: Gísli verkündet die Erschlagung Þorgríms, indem er eine Strophe dichtet, die den Namen des Erschlagenen durch eine Umschreibung verhüllt. Die Schwester Gíslis, Þórdís, die Gattin des Erschlagenen, prägt sich die Strophe ein, "lernt" sie, geht heim und errät erst dann ihren Sinn: *Þórdís nam þegar vísuna, gengr heim ok hefir ráðit vísuna* (k.18). Ähnliche Verschlüsselungen kennt die skaldische Liebesdichtung. So gibt Egill Skallagrímsson seinem Freund Arinbjǫrn in einer Strophe zu erkennen, daß er Liebeskummer habe, und Arinbjǫrn argwöhnt sogleich, daß Egill den Namen der Frau in der Strophe "verborgen" habe (*hefir þú fólgit nafn hennar í vísu þessi*), aber es gelingt ihm nicht, das Rätsel zu lösen (Egils saga, k.56). Es scheint, daß sich der Name Ásgerð ergeben soll, den Egill gleich darauf seinem Freund verrät. Aber bevor er ihn offenbart, spricht er noch eine Strophe, in der er erklärt, daß er "selten" den Namen einer Frau in einer Strophe verberge, weil die Leute die Strophe "mit den Fingern der Dichtkunst befühlen" (*þreifa bragarfingrum*), d.h. mit dichterischem Feingefühl und Scharfsinn die Strophe prüfen und damit das Geheimnis enträtseln (Skj.I, 52).

Schließlich gibt es noch die bewußte Mehrdeutigkeit, die einem oberflächlichen Hörer ein vordergründiges Verständnis suggeriert, den eigentlichen Sinn aber verbirgt. Man erinnere sich an den Passus der *Grágás* über das Lob, das eigentlich Hohn sein soll (k. 238). Der Skald Grettir reizt auf einer stürmischen Seefahrt die Kaufleute durch seine Spottverse. Hafliði, der Schiffsführer, versucht Frieden zu stiften, indem er Grettir vorschlägt, er solle auch einen Spottvers auf ihn, Hafliði, dichten; das wurde die Kaufleute besänftigen. Aber Grettir weigert sich, auf Hafliði etwas Schlechtes zu dichten und ihn dadurch auf dieselbe Stufe mit den Kaufleuten zu stellen. Daraufhin sagt Hafliði: *"Kveða má svá, at fegri sé vísan, ef grafin er, þótt fyrst sé eigi allfǫgr"* ("Du kannst so dichten, daß die Strophe schöner ist, wenn sie genau untersucht wird, obwohl sie zunächst nicht sehr schön ist"). Da antwortet Grettir: "Von solcher Art habe ich reichlich" (Grettis saga, k.17). Die Anekdote bestätigt, was schon Gísli mit seiner Strophe über die Erschlagung Þorgríms zeigte: daß es gelegentlich in der Absicht des Skalden liegt, nicht sogleich verstanden oder vielleicht gar zunächst mißverstanden zu werden. Und nicht uninteressant ist die Grettir-Anekdote übrigens auch insofern, als sie zeigt, daß es nicht so sehr auf die unmittelbare Wirkung ankommt, die die Strophe auf die Zuhörer übt, sondern auf die tatsächliche Aussage, mag sie auch den Zuhörern verborgen bleiben: Das Wort selbst hat seine Macht, unabhängig davon, ob es verstanden wird.

Schon Finnur Jónsson gab – während seines Streites mit Ernst Albin Kock – den vernünftigen Rat, bei der Interpretation der Skaldendichtung nicht zu sehr auf der Voraussetzung zu bauen, daß das Publikum beim ersten Hören die vorgetragene Strophe ohne weiteres verstehen mußte (Arkiv 40, 1924, S. 320ff.). Die eben vorgeführten Beispiele bezeugen ausdrücklich, daß es mitunter ein schwieriges Geschäft sein konnte, eine Skaldenstrophe richtig zu deuten, daß man sich vielmehr bemühen mußte, sie auswendig zu lernen (*nema vísu*), sie auszuforschen, "auszugraben" (*grafa vísu*) und sie – poetisch formuliert – "mit den Fingern der Dichtkunst zu befühlen" (*þreifa bragarfingrum*).

Die Fähigkeit hierzu haben sich die Isländer bis in unser Jahrhundert hinein bewahrt. In der *rímur*-Dichtung, die sich im 14. Jahrhundert unter dem Einfluß der Ballade entwickelt, leben neben dem neuen Endreim – *rím* ist der "Endreim" und *ríma* (fem.sing.) das "Endreimgedicht" – auch die wesentlichen Stilmittel der alten Skaldenkunst weiter: der Stabreim, die Kenning und die feste Zahl der Versglieder. Unter den Zeugnissen isländischer Volksdichtung, die Hans Kuhn noch in den 1920er Jahren sammeln konnte, findet sich eine Spottstrophe auf ein geschwätziges Mädchen, harmlos in ihrem Inhalt, aber ausgestattet mit komplizierten Reimbindungen und zwei stilechten Kenningen (Kl. Schr., 2. Bd., 1971, S. 59):

> *Það er feil á þinni mey,*
> *Þundur ála bála,*
> *að hún heila hefur ei*
> *hurð fyrir mála skála.*

> "Das ist der Fehler an deinem Mädchen,
> Odin des Feuers der See,
> daß sie nicht eine feste
> Tür vor ihrem Redeschuppen hat."

Mála skáli, der "Redeschuppen", meint den Mund, und *Þundur ála bála*, die Anrede an den Freund des Mädchens, ist eine dreigliedrige "Mann"-Kenning nach uraltem Muster: mit einem der zahlreichen Odinsnamen als Grundwort und einer "Gold"-Kenning als Bestimmungselement (s. oben S. 33), – eine mythologische Kenning, wie sie nicht anders schon ein Jahrtausend früher hätte gebildet werden können.

ABKÜRZUNGSVERZEICHNIS

APhS   Acta philologica scandinavica

Arkiv   Arkiv för nordisk filologi

ESSk   Klaus von See, Edda-Saga-Skaldendichtung. Aufsätze
                zur skandinavischen Literatur des Mittelalters, 1981

GRM   Germanisch-romanische Monatsschrift

JEGP   Journal of English and Germanic Philology

Lex.poet.   Lexicon poeticum antiquæ linguæ septentrionalis / Ordbog over det
                norsk-islandske Skjaldesprog, 2. Udg. Ved Finnur Jónsson, 1931

MHN   Monumenta historica Norvegiæ. Latinske kildeskrifter til Norges
                historie i middelalderen udg. ved G. Storm, 1980

NN   E.A. Kock, Notationes norrœnæ, 1924-41

RGA   Reallexikon der Germanischen Altertumskunde.
                Begründet von Johannes Hoops. Zweite Aufl. hg. von H. Beck et
                al., 1973ff.

Skj.   Den norsk-islandske Skjaldedigtning ved Finnur Jónsson, A 2 Bde,
                B 2 Bde, 1912-15. Fotografisk optrykt 1967-73

ZdfA   Zeitschrift für deutsches Altertum

ZfdPh   Zeitschrift für deutsche Philologie